Border allein

Eine Gebrauchsanleitung für
psychisch Erkrankte.

Für Angehörige, Betroffene und all
diejenigen unter euch, die mit dem
Thema psychische Erkrankungen
Berührungspunkte haben.

Aber auch für alle Chefs da draußen,
für alle, die noch immer der Meinung
sind, psychische Erkrankungen gibt
es nicht, für all diejenigen ist
dieser Ratgeber gedacht!

Von Sven Ulrich

st;ll here

Erkennt euch!

Meine Kampagne, um ein Zeichen zu setzen!

Ihr dürft das Logo von meiner Facebookseite
etc. natürlich gerne „klauen".

T-Shirts & Hoodies gibt es in meinem Shop:
www.seedshirt.de/shop/borderallein

WIDMUNG

Liebe Leserinnen und Leser,
Dieses Buch ist das Ergebnis vieler schlafloser Nächte, unzähliger Gedankenspiele und endloser Recherchearbeit. Es ist eine Geschichte, die aus meiner Seele entspringt und nun in euren Händen ruht.

Ich widme dieses Buch all denen, die in einer sehr schweren und harten Zeit immer an mich geglaubt und mich nie aufgegeben haben.

Ich möchte diese Gelegenheit nutzen, um mich bei all jenen zu bedanken, die mich auf meinem Schreib Weg unterstützt haben. Meinen Freunden und meiner Familie danke ich für ihre Geduld und ihre unermüdliche Unterstützung, auch wenn ich mich oft in meine eigenen Gedankenwelten zurückzog.

Ein großer Dank geht an meine Community, die stetig wächst und mir den Antrieb gibt, immer weiter zu machen!

Wir alle können etwas bewegen!

In diesem Sinne widme ich dieses Buch einfach all jenen, die es lesen werden. Möge es Sie auf Ihrer eigenen Reise begleiten und Ihnen Mut und Inspiration schenken.

Mit herzlichsten Grüßen,

Sven, aka Border allein

INHALT

1.Warum dieser Ratgeber? Seite 7

2.Wer bin ich überhaupt Seite 12

3.Der Akut - Zustand Seite 15

4.Die Liebe Seite 21

5.Stigmatisierung Seite 27

6.Was tun, wenn? Seite 32

7.Die Therapie-Formen Seite 40

8.Erfahrungsbericht Teil 1 Seite 56

9.Klinik oder nicht? Seite 63

10.Suizidversuch Seite 70

11.Erfahrungsbericht Teil 2 Seite 76

12.Die Schmerzen Seite 80

13.Sag niemals nie Seite 88

14.Woran erkenne ich Seite 95

15.Trigger & Skills Seite 100

16.Social Media Seite 111

17.Selfcare Seite 118

18.Das letzte Kapitel Seite 122

Einleitung

Ich möchte noch ein, zwei Worte verlieren, bevor es losgeht.

Ich benenne in diesem Buch, zum Teil, die Borderline-Persönlichkeitsstörung Patienten als „Borderliner".
Das sollte in keiner Weise als Despektierlich oder Abwertung empfunden werden. Jeder Betroffene ist ein Mensch, der an dieser Krankheit leidet und nicht die Krankheit ist!
Das soll hier ganz klar erwähnt sein.

Jedoch ist es für den Schreibfluss zum Teil einfacher, die Betroffenen „Borderliner" zu nennen, ich bitte das genauso zu sehen, wie es auch gemeint ist.

Ich hoffe mit diesem Ratgeber, ein Stück weit helfend zur Seite stehen zu können.

Alle Recherchen und die selbst erlebten Situationen sind das, als was sie hier auch niedergeschrieben sind:
Meine Erfahrungen und die Erfahrungen aus unzähligen Gesprächen mit Betroffenen.

1. Warum dieser Ratgeber?

Als ich mich, als Betroffener, näher mit der BPS auseinandersetzte, erkannte ich recht schnell, dass es sich um eine komplexe und vielschichtige Erkrankung handelt. Menschen mit BPS haben oft Schwierigkeiten, ihre Emotionen zu regulieren und ihre Beziehungen aufrechtzuerhalten. Sie neigen zu impulsivem verhalten und haben oft Schwierigkeiten, ein positives Selbstbild aufrechtzuerhalten.

Ich begann damit, mit Betroffenen zu sprechen und ihre Geschichten zu hören. Viele von ihnen haben Jahre damit verbracht, sich selbst und ihre Gefühle zu bekämpfen, ohne zu verstehen, was mit ihnen los war. Sie fühlen sich oft missverstanden und allein gelassen, da es in der Gesellschaft immer noch ein Tabu ist, über psychische Erkrankungen zu sprechen.

Durch meine Recherche erkannte ich, dass die BPS oft mit anderen Erkrankungen wie Depressionen, Angststörungen und anderen Traumata einhergeht. Viele Betroffene haben in ihrer Kindheit oder Jugend traumatische Erlebnisse durchleben müssen, die ihre Persönlichkeitsentwicklung beeinträchtigt haben.

Als Autor ist es mir wichtig, die BPS und ihre Auswirkungen auf die Betroffenen und ihr Umfeld einfühlsam und authentisch darzustellen. Ich wollte die

Herausforderungen und den Leidensweg dieser Menschen schildern, aber auch Hoffnung und Möglichkeiten zur Heilung aufzeigen.

Ich bin auf zahlreiche Therapieansätze gestoßen, die Betroffenen helfen können, ihre Symptome zu reduzieren und ihre Beziehungen zu verbessern. Dazu gehören, unter anderem, die Dialektisch-Behaviorale Therapie (DBT), die kognitive Verhaltenstherapie (CBT) und die Schematherapie. Auch der Austausch mit anderen Betroffenen in Selbsthilfegruppen kann dabei sehr hilfreich sein.

In meinem Ratgeber über die BPS möchte ich die Leserinnen und Leser über die Erkrankung aufklären, aber auch ein Verständnis für die Betroffenen und ihre Situation vermitteln. Ich hoffe, dass mein Buch dazu beitragen kann, die Stigmatisierung von psychischen Erkrankungen abzubauen und den Betroffenen Mut zu machen, Hilfe anzunehmen und sich auf den Weg der Genesung zu begeben.

Ich habe gelernt, dass es wichtig ist, das Umfeld der Betroffenen in die Behandlung mit einzubeziehen. Oft haben Freunde und Familienmitglieder Schwierigkeiten, das Verhalten der Betroffenen zu verstehen und können sich hilflos und überfordert fühlen. Eine gezielte Familienberatung kann helfen, ein besseres Verständnis füreinander zu entwickeln und die Kommunikation zu verbessern.

Eine weitere wichtige Erkenntnis meiner Recherche war, dass es keine "Heilung" im herkömmlichen Sinne gibt. Die BPS ist eine Persönlichkeitsstörung und betrifft das gesamte Leben der Betroffenen. Es geht daher vor allem darum, Strategien zu erlernen, um mit den Symptomen umzugehen und ein erfülltes Leben zu führen. Auch Rückfälle können jederzeit auftreten und sollten als Teil des Genesungsprozesses akzeptiert werden.

Ich habe tiefen Respekt vor den Menschen, die mit der BPS leben und jeden Tag aufs Neue kämpfen, um ihr Leben in den Griff zu bekommen. Ich hoffe, dass mein Buch dazu beitragen kann, dass die Betroffenen und ihr Umfeld sich weniger allein gelassen fühlen und dass die Gesellschaft mehr Verständnis und Akzeptanz für psychische Erkrankungen entwickelt.

Ich bin dankbar für die vielen Gespräche und Erfahrungen, die ich im Rahmen meiner Recherche sammeln konnte, und hoffe, dass mein Buch einen Beitrag dazu leisten kann, dass die BPS aus ihrem Schattendasein heraustritt und Betroffene besser unterstützt werden.

Ich habe mich natürlich auch intensiv mit der Forschung zur BPS beschäftigt. Es gibt noch viele offene Fragen und Unsicherheiten in Bezug auf die Entstehung und Behandlung der Erkrankung. Doch es gibt auch vielversprechende Ansätze und Fortschritte in der Therapieforschung, die darauf hoffen lassen, dass die Betroffenen in Zukunft noch besser unterstützt werden können.

Ich möchte klar betonen, dass die BPS keine Selbstdiagnose ist. Nur ein qualifizierter Fachmann kann eine Diagnose stellen und eine geeignete Behandlung empfehlen. Eine frühzeitige Diagnose und Behandlung kann dazu beitragen, dass die Symptome der BPS abgemildert werden und ein erfülltes Leben möglich wird.

Mein Ziel ist es, nicht nur ein besseres Verständnis für die BPS zu schaffen, sondern auch dazu beizutragen, dass psychische Erkrankungen insgesamt stärker enttabuisiert werden. Es gibt immer noch zu viele Vorurteile und Unwissenheit in unserer Gesellschaft, wenn es um die psychische Gesundheit geht. Doch jeder kann dazu beitragen, indem er offen und empathisch auf Menschen zugeht, die an einer psychischen Erkrankung leiden.

Ich hoffe, dass mein Buch dazu beitragen kann, dass die Betroffenen der BPS und ihre Angehörigen sich verstanden und unterstützt fühlen und dass es dazu beiträgt, dass die psychische Gesundheit in unserer Gesellschaft einen höheren Stellenwert bekommt.

Ein wichtiger Bestandteil der verschiedenen Therapieformen ist die Arbeit an den zwischenmenschlichen Beziehungen. Viele Betroffene haben Schwierigkeiten damit, enge und stabile Beziehungen aufzubauen und aufrechtzuerhalten. Hier kann eine gezielte Paar- oder Familientherapie helfen, um Kommunikationsprobleme zu lösen und das Vertrauen in Beziehungen zu stärken.

Ein weiterer wichtiger Aspekt, den ich in meinem Buch anspricht, ist die Stigmatisierung psychischer Erkrankungen. Viele Betroffene haben Angst, sich anderen Menschen anzuvertrauen, aus Angst vor Ablehnung oder Stigmatisierung. Es ist wichtig, dass wir als Gesellschaft ein offenes und verständnisvolles Klima schaffen, in dem Menschen ohne Angst über ihre psychischen Probleme sprechen können. Dazu gehört auch eine bessere Aufklärung über psychische Erkrankungen und ihre Behandlungsmöglichkeiten.Als Autor/Betroffener ist es mir ein großes Anliegen, dass mein Buch dazu beiträgt, die Aufmerksamkeit auf die BPS zu lenken und das Verständnis für psychische Erkrankungen zu fördern. Ich hoffe, dass meine Recherche und die Beschreibung der Symptome und Therapieansätze dazu beitragen können, dass Betroffene und ihre Angehörigen sich weniger allein gelassen fühlen und eine bessere Unterstützung erhalten.

2. Wer bin ich überhaupt?

Tja, wer bin ich eigentlich und warum schreibe ich einen Ratgeber für die Angehörigen, Freunde und Bekannte eines psychisch Erkrankten und das, obwohl ich doch selber psychisch krank bin?

Wer mein erstes Buch gelesen hat, der weiß schon eine Menge über mich und deswegen möchte ich meine Vorstellung so kurz wie möglich halten.

Ich heiße Sven, bin aktuell 47 Jahre alt und leide seit ca. 25 Jahren an Depressionen und diagnostiziert seit 2022 an der Borderline Persönlichkeitsstörung (BPS). Dazu kommen noch weitere Befunde wie Posttraumatische Belastungsstörung (PTBS), Panikattacken und Angststörungen.
Ich befinde mich in einer Langzeittherapie und arbeite aktiv als Podcaster, Content Creator und als Buchautor rund um das Thema Depressionen und Borderline-Persönlichkeitsstörungen.

Ich bin der impulsive BPS Typ, was das heißt, erkläre ich in den nachfolgenden Kapiteln.
Was genau will ich eigentlich als Betroffener mit diesem Ratgeber bezwecken? Nun, da ich mich und meine Verhaltensmuster sowie die Auswirkungen auf einen Nicht-Betroffenen kenne und reflektiere, schien mir die logische Konsequenz zu sein, auch

darüber ein Buch zu schreiben.

Meine selbst auferlegte Mission ist, anderen Menschen, sei es Betroffenen oder Nicht-Betroffenen, zu helfen, den Alltag besser oder zumindest etwas besser gestalten zu können. Ich kann euch nicht das Händchen halten und euch den Kopf streicheln, aber ich versuche, so gut es geht, euch Hilfestellung zu leisten.

Ich weiß aus erster Hand, wie schwer es sein kann, mit dieser Krankheit zu leben, und wie es sich anfühlt, ständig von starken Emotionen überwältigt zu werden.

Es hat lange gedauert, bis ich meine Diagnose erhielt und verstand, was mit mir los war. Die Symptome von Borderline sind vielfältig und können von Person zu Person unterschiedlich sein. Bei mir äußert sich die Krankheit vor allem durch intensive Stimmungsschwankungen, impulsives Verhalten und Schwierigkeiten im Umgang mit zwischenmenschlichen Beziehungen.

Ich weiß, dass Borderline oft stigmatisiert wird und viele Menschen mit dieser Krankheit kämpfen sich jeden Tag durch das Leben, ohne die Unterstützung und das Verständnis zu erhalten, welches sie benötigen. Deshalb möchte ich durch mein Buch einen Beitrag zur Aufklärung über Borderline leisten und dazu beitragen, dass mehr Menschen verstehen, was es bedeutet, mit dieser Krankheit zu leben.

Ich hoffe, dass mein Buch auch anderen
Menschen mit Borderline helfen kann, indem
sie sie ermutigt, über ihre Erfahrungen zu
sprechen und Unterstützung zu suchen.
Borderline ist eine Krankheit, die behandelt
werden kann, und es gibt viele wirksame
Therapien, die Betroffenen helfen können,
ein erfülltes und stabiles Leben zu führen.

Ich bin dankbar für die Gelegenheit, meine
Geschichte zu teilen und hoffe, dass es
anderen hilft, ein wenig Licht ins Dunkel zu
bringen.

Aber auch die Beteiligten, die nicht
erkrankt sind, sollen und dürfen hier nicht
vergessen werden. Sie sind der
Hauptbestandteil dieses Ratgebers und ich
hoffe, mit meinen Ausführungen, Erklärungen
und auch mit meinen persönlichen
Erfahrungen, einen kleinen Teil dazu
beitragen zu können, es allen Beteiligten im
Alltag mit einer psychischen Erkrankung
etwas leichter zu machen.

So die Intention. Ich werde bewusst auf
Fremdwörter und unfassbar undurchsichtige
Erklärungen verzichten, sondern werde meine
ganz eigenen Worte nutzen.

Und eines wird auch ein großer Bestandteil
des Buches sein:

Die Erfahrungen von tatsächlich Betroffenen!
Betroffen heißt in diesem Falle, die
Betroffenen Menschen unter euch, die

entweder einen Partner oder einen engen
Verwandten haben, welcher an der Borderline
Persönlichkeitsstörung leidet. Dazu nutze
ich die Berichte, die mir zugesandt wurden
und auch einen Bericht aus meinem direkten
Umfeld, der schonungslos ehrlich seine
Erfahrungen mit mir darlegen wird, egal ob
mir das passt oder nicht.

So viel zu mir.

3. Der Akut-Zustand & der DIS

Und dann ist er einfach da. Aus dem Nichts.
Der Akut-Zustand.

Ich versuche, es euch zu beschreiben, bzw.
zu erklären:

Im akuten Zustand eines Borderliners können
die Symptome sehr ausgeprägt sein. Der
Betroffene kann extrem impulsiv und
emotional sein, und es kann schwierig sein,
ihn zu beruhigen oder zu trösten.
Die Stimmung eines Borderliners kann
innerhalb von Minuten oder sogar Sekunden
von einem Extrem zur nächsten wechseln, was
zu einem Gefühl der Desorientierung führen
kann.

Ein Borderline-Patient im akuten Zustand
kann sich maximal isoliert und unverstanden
fühlen. Er kann das Gefühl haben, dass

niemand seine Gefühle oder Gedanken versteht, und dass er allein mit seinen Problemen ist. Diese Einsamkeit kann zu einem Gefühl der Verzweiflung führen und den Betroffenen in einen Zustand der Hoffnungslosigkeit bringen.

Ein weiteres Symptom des akuten Borderline-Zustands ist das Auftreten von Selbstverletzungen und Suizidgedanken. Ein Borderliner kann sich selbst verletzen, um Schmerzen zu empfinden und seine Gefühle zu kontrollieren oder um die Gedanken abzulenken. Der Drang, sich selbst zu verletzen, kann so stark sein, dass der Patient das Bedürfnis hat, sofort handeln zu müssen, um sich Erleichterung zu verschaffen.

Die Impulsivität des Borderline-Patienten kann auch zu riskanten Verhaltensweisen führen. Dazu gehören Drogenmissbrauch, Alkoholkonsum, übermäßiges Essen oder ungeschützter Sex. Diese Verhaltensweisen können dazu führen, dass der Patient sein Leben in Gefahr bringt oder die Kontrolle über sein Leben verliert.

Die Fähigkeit, Beziehungen aufrechtzuerhalten, kann auch im akuten Borderline-Zustand beeinträchtigt sein. Man kann impulsiv handeln und unerwartete Verhaltensweisen zeigen, was häufig dazu führt, dass vorschnelle Entscheidungen impulsiv gefällt werden, wie z.B. eine

Trennung, die Minuten später sofort bereut
wird. Angst vor Nähe und Distanz wird
plötzlich zu einem akuten Problem und lässt
sich kaum runter regulieren.
In vielen Fällen geht eine Akutsituation mit
Schmerzen und Anfällen einher.

Ich kann euch ein Beispiel aus meinen Akut-
Zuständen geben:
Alles ist scheinbar gut und friedlich. Es
läuft der Fernseher und nichts deutet auf
eine Episode hin. Wie aus dem Nichts kommt
plötzlich die Episode über mich und wirbelt
das Hirn komplett durch, quillt es zu einem
Gedankenbrei und der Körper meldet sich auch
zu Wort: Verkrampfungen, Heul-Attacken und
plötzlich auftretende Grippe Symptome sind
nur einige Beispiele für die Umstände einer
Episode.
Das kann zu einem DIS (Dissoziativer
Zustand) führen.
Aber was genau ist ein DIS?
Ein dissoziativer Zustand ist ein Zustand,
in dem eine Person das Gefühl hat, von sich
selbst oder ihrer Umgebung getrennt zu sein.
Es ist eine Art von psychischer Störung, die
durch eine vorübergehende oder
langanhaltende Veränderung des
Bewusstseinszustands gekennzeichnet ist,
wobei die betroffene Person das Gefühl hat,
dass ihre Gedanken, Gefühle, Erinnerungen
oder Sinneswahrnehmungen getrennt oder
distanziert von ihrem Körper oder ihrer

Umgebung sind.
Die Symptome eines dissoziativen Zustände
können von Person zu Person unterschiedlich
sein, aber einige häufige Anzeichen sind:

* Gefühl der Entfremdung oder Loslösung
  von sich selbst oder der Umgebung

* Verwirrung oder Unsicherheit über die
  eigene Identität

* Veränderungen in der Wahrnehmung von
  Zeit, Raum oder Umgebung

* Veränderungen im Gedächtnis,
  einschließlich Lücken oder Vergessen
  von Ereignissen

* Unwirklichkeitsgefühle, als ob man in
  einem Traum lebt oder die Dinge um
  einen herum nicht real sind

* Gefühl von Taubheit, als ob man von
  Emotionen abgeschnitten ist

* Eingeschränkte Fähigkeit, sich zu
  bewegen oder zu sprechen

Es gibt verschiedene Arten von dissoziativen
Störungen, einschließlich dissoziativer
Amnesie, dissoziative Identitätsstörung
(früher bekannt als multiple
Persönlichkeitsstörung), dissoziative Fugue
(Flucht) und depersonalisierte Störung.

Dissoziative Zustände können durch
traumatische Ereignisse ausgelöst werden,
wie z.B. sexueller Missbrauch, körperliche

Gewalt, Unfälle oder Naturkatastrophen. In
einigen Fällen kann es auch durch den Konsum
von Drogen oder Alkohol ausgelöst werden.

Ihr seht, es ist nicht einfach eine hohe
Anspannung, es ist weitaus umfangreicher,
als es sich ein „normaler" Mensch vorstellen
kann. Genau das macht es für Außenstehende
so schwer, damit umzugehen.
Wie denn auch? Es ist unvorstellbar
anstrengend und kaum auszuhalten.

Das ist natürlich für diejenigen unter euch,
die ihr sowas mit ansehen und erleben müsst,
ein ganz hartes Brot. Wie soll man auf etwas
adäquat reagieren, was kaum vorstellbar ist?

Hier ein paar, vorsichtige, Tipps:

1. Wissen erlangen: Ein Angehöriger kann
   sich über den dissoziativen Zustand und
   seine Auswirkungen auf das Verhalten
   und die Stimmung des Betroffenen
   informieren. Auf diese Weise kann er
   besser verstehen, was der Betroffene
   durchmacht und wie er ihm helfen kann.

2. Vermeidung von Auslösern: Es kann
   hilfreich sein, Auslöser zu vermeiden,
   die den dissoziativen Zustand auslösen
   oder verschlimmern können. Ein
   Angehöriger kann dem Betroffenen
   helfen, bestimmte Situationen oder
   Umgebungen zu vermeiden, die seine
   Symptome verschlimmern.

3. Verständnis und Unterstützung: Ein
   Angehöriger kann dem Betroffenen
   helfen, indem er ihm Verständnis und
   Unterstützung bietet. Dies kann
   bedeuten, dass er zuhört, wenn der
   Betroffene über seine Symptome spricht,
   oder dass er ihm bei der Suche nach
   einer Therapie oder Behandlung hilft.

4. Beruhigende Techniken anwenden: Es gibt
   verschiedene beruhigende Techniken, die
   einem Betroffenen helfen können, seinen
   dissoziativen Zustand zu bewältigen.
   Ein Angehöriger kann dem Betroffenen
   dabei helfen, diese Techniken zu
   erlernen und anzuwenden, wie z.B.
   Meditation, Yoga oder
   Entspannungsübungen.

5. Professionelle Hilfe suchen: Wenn der
   dissoziative Zustand des Betroffenen
   schwerwiegend ist und nicht von alleine
   verschwindet, kann es notwendig sein,
   professionelle Hilfe in Anspruch zu
   nehmen. Ein Angehöriger kann dem
   Betroffenen bei der Suche nach einem
   qualifizierten Therapeuten oder
   Psychiater helfen.

Das sind natürlich nur ein paar wenige
Ratschläge. Alles ist individuell zu
betrachten und meine Vorschläge haben keine
Allgemeingültigkeit!
Es ist immer sinnvoll, derart gelagerte
Ratschläge mit einem Fachmann gemeinsam zu

erarbeiten. Viele Therapeuten z.B. bieten
auch Paar- bzw. Angehörigen-Sitzungen an.

4. Die Liebe

Die gute alte Liebe...
Passt das mit der Borderline-
Persönlichkeitsstörung überhaupt zusammen?
Können Betroffene lieben?
Oh ja, sie können. Aber...

...Menschen mit Borderline-
Persönlichkeitsstörung können eine instabile
und intensive Beziehung zu Liebe und
Beziehungen haben. Sie können sich sehr
schnell in jemanden verlieben und eine
starke emotionale Bindung aufbauen, die
jedoch genauso schnell wieder verschwinden
kann. Sie können Angst vor Verlassen werden
haben und impulsiv handeln, um ihre
Beziehungen zu schützen oder zu retten.

Die ständigen Stimmungsschwankungen und
emotionalen Turbulenzen, die mit der
Borderline-Persönlichkeitsstörung
einhergehen, können es sehr schwierig
machen, stabile und langfristige Beziehungen
aufzubauen. Betroffene können sich in einer
Minute geliebt und begehrt fühlen und in der
nächsten Minute glauben, dass ihr Partner
sie verlassen oder betrogen wird.

Es kann durchaus vorkommen, dass Betroffene
impulsiv handeln und eine Beziehung beenden,

ohne darüber nachzudenken oder ohne einen guten Grund. Sie können auch in Beziehungen bleiben, die ihnen schaden oder in denen sie nicht glücklich sind, weil sie Angst haben, allein zu sein oder verlassen zu werden.

In Beziehungen können Borderline-Persönlichkeitsstörungen auch dazu führen, dass sich Betroffene extrem eifersüchtig oder besitzergreifend verhalten. Sie können sich von ihrem Partner abhängig fühlen und starke Angst davor haben, dass ihr Partner sie verlässt oder betrügt. Dies kann zu Konflikten und Missverständnissen in der Beziehung führen und kann für den Partner sehr belastend sein.

Ein weiteres und wichtiges Merkmal des Verhaltens von Borderlinern in Beziehungen ist die Tendenz, die Dinge schwarz-weiß zu sehen. Das bedeutet, dass sie entweder idealisieren oder dramatisieren. In einer idealisierten Phase kann ein Borderliner seinen Partner als perfekt und wunderbar betrachten. In einer dramatisierten Phase hingegen kann er seinen Partner als schlecht oder böse betrachten. Diese Stimmungsschwankungen können dazu führen, dass Borderliner in Beziehungen sehr impulsiv und unvorhersehbar handeln.

Ein weiteres Merkmal des Verhaltens von Borderlinern in Beziehungen ist die Tendenz, sich in Beziehungen hineinsteigern. Wenn ein Borderliner in einer Beziehung ist, kann er

sich schnell auf seine Partnerin oder seinen
Partner fixieren und es kann ihm schwer
fallen, die Beziehung zu beenden, selbst
wenn sie ihm schadet. Diese Tendenz kann
dazu führen, dass Borderliner in Beziehungen
bleiben, auch wenn sie ungesund oder
unglücklich sind.

Ganz wichtig ist jedoch der Fakt, dass nicht
alle Borderliner in Beziehungen so handeln!

Borderliner können durchaus in der Lage
sein, gesunde Beziehungen aufzubauen und
aufrechtzuerhalten, indem sie sich aktiv um
ihre psychische Gesundheit kümmern und an
ihrer Beziehungsfähigkeit arbeiten.

Aber Vorsicht, wenn es toxisch wird!
Toxisch?
Oft gehört und doch gelebt?
Was ist das denn eigentlich? Toxisch?
Grundsätzlich bedeutet es frei übersetzt,
giftig!

Aber wie kann denn Liebe, eine Beziehung/Ehe
giftig sein?

Toxische Liebe ist eine Form von Beziehung,
die durch ein Ungleichgewicht zwischen Geben
und Nehmen gekennzeichnet ist, bei der eine
Person mehr investiert als die andere und
bei der ungesunde Verhaltensmuster und
Dynamiken vorherrschen.

Toxische Liebe ist oft von emotionaler
Abhängigkeit und Kontrolle geprägt. Eine

Person in einer toxischen Beziehung kann sich gezwungen fühlen, sich anzupassen und ihre eigenen Bedürfnisse und Wünsche zu unterdrücken, um ihren Partner oder ihre Partnerin glücklich zu machen oder um eine Konfrontation zu vermeiden. Der Partner oder die Partnerin in dieser Beziehung kann auf diese Abhängigkeit aufbauen und die andere Person manipulieren oder kontrollieren, um ihre eigenen Bedürfnisse zu erfüllen.

Eine häufige Dynamik in einer toxischen Beziehung ist der Mangel an Respekt und Unterstützung. Eine Person in einer toxischen Beziehung kann das Gefühl haben, dass sie nicht respektiert oder unterstützt wird, und dass ihr Partner oder ihre Partnerin ihre Bedürfnisse nicht ernst nimmt. Auf der anderen Seite kann die andere Person in der Beziehung versuchen, ihre eigene Unsicherheit oder Unzufriedenheit zu kompensieren, indem sie ihre Macht ausnutzt und die andere Person manipuliert oder missbraucht.

Toxische Liebe kann sowohl durch körperliche, als auch durch emotionale Gewalt gekennzeichnet sein. In diesen Fällen kann eine Person in der Beziehung das Gefühl haben, dass sie gefangen oder hilflos ist, um sich von ihrem Partner oder ihrer Partnerin zu lösen.

Aber wie geht ihr als Angehörige damit um? Natürlich gibt es auch hier keine

„allumfassende" Formel.

Angehörige von Borderlinern können oft verwirrt und frustriert sein, wenn sie versuchen, eine Beziehung mit einem Borderliner aufrechtzuerhalten. Es gibt jedoch einige Schritte, die sie unternehmen können, um den Prozess zu erleichtern.

Eine der wichtigsten Maßnahmen, die Angehörige ergreifen können, ist, sich umfassend über die Borderline-Persönlichkeitsstörung zu informieren. Sie sollten verstehen, dass Borderline-Patienten oft Schwierigkeiten haben, ihre Emotionen zu regulieren, und dass sie in der Lage sind, zwischen extremer Idealisierung und Entwertung von Menschen und Beziehungen zu wechseln. Angehörige sollten daher nicht persönlich nehmen, wenn der Borderliner sich von ihnen abwendet oder sich extrem emotional verhält.

Ein weiterer wichtiger Schritt ist, sich mit dem Borderliner zu verbinden, indem man ihm Unterstützung und Mitgefühl anbietet. Borderliner brauchen in der Regel viel Aufmerksamkeit und Bestätigung, um sich sicher und geborgen zu fühlen. Angehörige sollten daher ihre Zuneigung und Unterstützung durch regelmäßige Kommunikation, positive Verstärkung und die Bestätigung von Erfolgen zeigen.

Allerdings ist es ebenso wichtig, Grenzen zu

setzen und die eigenen Bedürfnisse zu
kommunizieren. Borderliner können oft große
Probleme haben, Grenzen zu erkennen und zu
respektieren. Daher sollten Angehörige
deutlich kommunizieren, was sie brauchen, um
gesunde Beziehungen aufrechtzuerhalten. Sie
sollten in der Lage sein, ungesunde oder
missbräuchliche Verhaltensweisen zu erkennen
und die Beziehung zu beenden, wenn dies
notwendig ist.
Ich kann euch nur aus eigener Erfahrung
raten, sucht euch entweder Hilfe, in Form
einer Paartherapie, oder „entgiftet" euch,
wenn ihr dort zu sehr gefangen genommen
werdet.

5. Stigmatisierungen

Für mich, der sich mit psychischen
Erkrankungen auseinandersetzt, ist die
Stigmatisierung der Borderline-
Persönlichkeitsstörung ein Thema, das mich
besonders bewegt. Leider wird diese
Erkrankung oft missverstanden und falsch
dargestellt, was zu einem erheblichen Maß an
Stigmatisierung führt.

Ein großer Teil der Stigmatisierung der
Borderline-Erkrankung kommt von der
Verwendung des Begriffs "Borderline" selbst.
Der Begriff stammt aus der Psychiatrie und
wurde früher verwendet, um Menschen zu
beschreiben, bei denen die Symptome nicht
eindeutig in eine bestimmte Diagnose
Kategorie fielen. Heute bezieht sich der
Begriff ausschließlich auf die Borderline-
Persönlichkeitsstörung, aber viele Menschen
sind sich dessen nicht bewusst und verwenden
den Begriff fälschlicherweise als
Beleidigung oder abwertende Beschreibung.

Ein weiteres Problem ist die häufige
Darstellung von Borderline-Patienten in den
Medien als "verrückt", "unberechenbar" oder
"gewalttätig". Diese Darstellungen sind
nicht nur ungenau, sondern auch unfair und
verstärken die Stigmatisierung. In der
Realität sind die meisten Menschen mit
Borderline-Persönlichkeitsstörung nicht
gewalttätig und leiden eher unter einer

unkontrollierten emotionalen Instabilität.

Ein weiterer Faktor, der zur Stigmatisierung beiträgt, ist die Tatsache, dass viele Menschen mit Borderline-Persönlichkeitsstörung Schwierigkeiten haben, stabile Beziehungen aufrechtzuerhalten. Dies kann zu einem sozialen Rückzug führen, der dazu beiträgt, dass Menschen mit Borderline-Erkrankungen als "schwierig" oder "unzuverlässig" angesehen werden.

Was mir an der Stelle wichtig ist, ist, dass die meisten Menschen mit Borderline-Persönlichkeitsstörung nicht gewalttätig oder unkontrollierbar sind und dass sie Unterstützung und Behandlung benötigen. Es gibt effektive Behandlungsmöglichkeiten wie Psychotherapie, Medikamente und Selbsthilfegruppen, die Menschen mit Borderline-Persönlichkeitsstörung helfen können, ein „normales" Leben führen zu können.

Als betroffener Autor, der sich für die Entstigmatisierung von psychischen Erkrankungen einsetzt, erachte ich es als wichtig, dass wir uns bewusst machen, wie unsere Worte und Handlungen dazu beitragen können, die Stigmatisierung zu reduzieren. Wir müssen uns bemühen, Menschen mit psychischen Erkrankungen als Menschen zu sehen, die mit einer Herausforderung konfrontiert sind, die behandelt werden

kann. Nur so können wir dazu beitragen, die
Stigmatisierung zu reduzieren und den
betroffenen Menschen die Unterstützung zu
geben, die sie benötigen.

Warum wird eigentlich stigmatisiert?

Borderline ist eine psychische Erkrankung,
die durch emotionale Instabilität,
Impulsivität und ein instabiles Selbstbild
gekennzeichnet ist. Es kann schwierig sein,
mit Borderline umzugehen, sowohl für die
Betroffenen selbst als auch für ihre
Familien und Freunde. Einige Menschen
betrachten Borderline als eine "schwierige"
oder "anstrengende" Erkrankung, die schwer
zu behandeln ist, und stigmatisieren die
Menschen, die daran leiden.

Ein Grund für die Stigmatisierung von
Borderline kann sein, dass es schlicht und
ergreifend oftmals einfach falsch verstanden
wird.
Viele Menschen glauben, dass Menschen mit
Borderline manipulativ oder dramatisch sind
und nur Aufmerksamkeit suchen. Diese
Stigmatisierung führt dazu, dass Menschen
mit Borderline häufig nicht ernst genommen
werden und keine angemessene Behandlung
erhalten.

Ein weiterer Grund kann natürlich sein, dass
Menschen mit Borderline manchmal impulsiv
sind und unvorhersehbar reagieren können.
Dies kann Angst oder Unsicherheit bei

anderen auslösen und dazu führen, dass sie
die betroffene Person als unvorhersehbar
oder sogar gefährlich betrachten, was dazu
führen kann, dass Menschen mit Borderline
gemieden oder gar isoliert werden.

Ist ein an Borderline Persönlichkeitsstörung
erkrankter denn nun auch wirklich
gefährlich?

Die klare Antwort ist Jein!

Es gibt keine spezifischen Beweise dafür,
dass Menschen mit BPS eine höhere Tendenz
haben, gefährliches Verhalten auszuüben als
Menschen ohne BPS. Menschen mit BPS können
jedoch aufgrund ihrer emotionalen
Instabilität und Impulsivität
Schwierigkeiten haben, Konflikte auf
angemessene Weise zu lösen und können
unangemessen auf bestimmte Situationen
reagieren. In einigen Fällen können sie auch
ein riskantes Verhalten zeigen, wie zum
Beispiel Drogenmissbrauch, Alkoholkonsum
oder selbstverletzendes Verhalten.

Und natürlich möchte ich nicht unerwähnt
lassen, dass Menschen mit BPS ihre Umgebung
durchaus verletzen können: durch psychische
Gewalt!
Es passiert sicherlich in den meisten Fällen
nicht mit böswilliger Absicht, aber dennoch
neigen BPS Betroffene dazu, in einer
Hochspannung ihr Gegenüber verbal „mit ins

Boot" zu nehmen und wissen sich oftmals
nicht anders zu helfen, als ihre psychische
Extrembelastung, in diesem Moment,
weiterzugeben und sich ihrer eigenen
Überlastung zu entledigen.
Das ist für die meisten Menschen ohne diese
Erkrankung oftmals nur schwer zu ertragen
und derjenige muss einfach wissen, dass
diese Entgleisungen des Betroffenen nicht
der Realität entsprechen. Man muss, ob man
will oder nicht, sich ein wirklich dickes
Fell anlegen, um einen Borderliner in diesen
Momenten zu respektieren, seine Aussagen
werten zu können und um Herr der Lage zu
bleiben.
Anders ist ein Umgang mit einem Betroffenen
kaum möglich.

6. Was tun, wenn...

Was mache ich als Außenstehender, wenn mein Partner oder mein direkter Angehöriger in einer Hochspannung ist oder sich diese ankündigt?

Natürlich kann ich hier kein Allheilmittel verschreiben. Ich kann nur aus Erfahrungsberichten sowie aus eigenen Erfahrungen berichten. Ich hoffe jedoch, dass ihr, die Leser, einen Nutzen daraus ziehen könnt und dass sich jeder Betroffene des BPS anders verhält und anders mit der Krankheit umgeht, ist auch klar, bzw. sollte klar sein.

Dennoch will ich die prägnanten Punkte einmal aufzählen und dann darauf, im einzelnen, eingehen:

1. Klare Grenzen setzen:
Setzt klare Grenzen und haltet diese ein. Es ist wichtig, eure eigenen Grenzen kennenzulernen und zu kommunizieren, um zu vermeiden, dass der Borderliner diese überschreitet.

2. Vermeidet die Konfrontation:
Konfrontationen können bei einem Borderliner starke emotionale Reaktionen auslösen. Versucht stattdessen, mit einer ruhigen und einfühlsamen Stimme zu sprechen und eure Bedenken auf eine unterstützende Weise zu äußern.

3. Hört zu:
Es ist wichtig, dem Borderliner zuzuhören,
ohne zu urteilen oder zu unterbrechen. Lasst
ihn ausreden und zeigt Verständnis für seine
Perspektive.

4. Gebt Feedback:
Wenn ihr Feedback geben müsst, tut dies auf
eine unterstützende und konstruktive Weise.
Konzentriert euch dabei auf das Verhalten,
nicht auf die Person.

5. Vermeidet Schwarz-Weiß-Denken:
Borderliner neigen dazu, in Extremen zu
denken. Versucht, die Perspektive des
Borderliners zu verstehen, ohne seine
extremen Ansichten zu unterstützen.

6. Geduld haben:
Borderliner können oft impulsiv handeln und
extreme Stimmungsschwankungen haben. Zeigt
euch geduldig und gebt ihm Zeit, sich zu
beruhigen.

7. Unterstützung anbieten:
Bietet Unterstützung an, wenn ihr könnt.
Fragt, ob der Borderliner Hilfe benötigt
oder ob ihr ihn an Ressourcen weiterleiten
könnt.

Was genau bedeutet all das?

Ich versuche es aus meiner Sicht so einfach
wie möglich zu erklären:

Grenzen setzen ist ein wichtiger Aspekt. Ihr
müsst dem Betroffenen im Vorfeld schon ganz

klar kommunizieren, was passiert wenn er
ausfällig wird und euch mit psychischer
Gewalt versucht, euch mit in den Abgrund zu
ziehen. Was kann das beinhalten? Z.B könnt
ihr ihm in einer ruhigen Minute deutlich
machen, dass ihr geht wenn sich so ein
Vorfall ereignet und ihr auch nicht umkehrt,
wenn er, als Beispiel, androht sich etwas
anzutun. Ich weiß das es extrem schwierig
ist, einen geliebten Menschen in so einer
Situation allein zu lassen und es werden
Vorwürfe kommen usw. ABER: wir Betroffenen
müssen lernen, was vertretbar ist und was
nicht. Natürlich suchen wir in diesen
Momenten Schutz und das ist auch gut und
richtig so, aber wir dürfen nicht hergehen
und den Schutzgeber selber der
Schutzlosigkeit auszuliefern. Das ist ein
Lernprozess BEIDER Beteiligten und setzt
auch großes Vertrauen ineinander und
miteinander voraus.

Die Konfrontation mit einem Borderliner ist
in einer Hochspannung mit absoluter Vorsicht
zu genießen. Wenn ihr ihn mit Vorwürfen und
Beschuldigungen zusätzlich belastet, wird
sich sein Zustand, logischerweise, nicht
verbessern und er gerät immer weiter und
weiter in die Abwärtsspirale. Dies kann bis
hin zu einem dissoziativen Zustand führen,
in dem der Betroffene nicht mehr mitbekommt,
was er sagt und wo er ist. Er nimmt nichts
mehr wahr. Dieser Zustand ist der Supergau

und ist, leider Gottes, auch häufig der
Grund eines Suizidversuches.
Zum Thema Suizidversuch komme ich an anderer
Stelle noch, das hier ist nur ein möglicher
Auslöser.

Versucht, soweit möglich, mit wirklich
ruhiger Stimme ein vertrautes Umfeld zu
schaffen. Nehmt ihn in den Arm oder gebt ihm
das Gefühl, dass sich der Betroffene in
einem sicheren Umfeld befindet. Worte
prallen zumeist an dem Betroffenen ab. Worte
sind nett gemeint und in euren Augen
vermeintlich das einzig richtige, aber Worte
sind in diesen Momenten nur Schall und Rauch
in den Ohren des Borderliners.

Aktiv zuhören, ein ganz wichtiger Punkt:
Borderline-Persönlichkeitsstörungen können
sehr belastend für Betroffene sein, da sie
oft von starken emotionalen Schwankungen
begleitet werden, die von intensiven Ängsten
und Stimmungsschwankungen bis hin zu
impulsivem Verhalten und Selbstverletzungen
reichen können. Menschen mit Borderline
können sich häufig sehr allein und isoliert
fühlen, da ihre Emotionen oft sehr intensiv
und schwer zu kontrollieren sind, was dazu
führen kann, dass sie Schwierigkeiten haben,
Beziehungen zu anderen Menschen
aufrechtzuerhalten.

Deshalb ist es sehr wichtig, einem
Borderliner zuzuhören, um ihm das Gefühl zu
geben, dass er verstanden und akzeptiert

wird. Durch das Zuhören kann man dem
Borderliner zeigen, dass seine Gedanken und
Gefühle ernst genommen werden und dass er
nicht allein mit seinen Problemen ist.
Dadurch kann man dazu beitragen, dass er
sich weniger isoliert und allein fühlt und
eher bereit ist, Hilfe und Unterstützung zu
suchen.
Zusammenfassend kann man sagen, dass das
Zuhören auf die Sichtweise von Menschen mit
Borderline-Persönlichkeitsstörungen sehr
wichtig ist, um ihnen das Gefühl zu geben,
verstanden und akzeptiert zu werden.

Ein Feedback geben? Objektiv? Ein schweres
Unterfangen, das sich aber durchaus positiv
auf den Borderline Erkrankten auswirken
kann.

Ihr müsst quasi eine Verhaltensanalyse mit
dem Betroffenen ausführen, eine, die sich
auf sein Verhalten während der Anspannung
bezieht und nicht auf seine Person.
Versucht, diese Analyse aus der Sicht eines
Schauspielers zu erläutern. Spiegelt die
Situation wider, ohne dabei Kritik zu üben.
Sagt ihm, was passiert ist, wie ihr es
wahrgenommen habt und was ihr dabei
empfunden habt.

Was waren, in euren Augen, die Auslöser?
Versucht ihm aufzuzeigen, wie ihr das Ganze
wahrgenommen habt.
Natürlich klappt das nicht immer, wie
erhofft, wenn ihr das jedoch immer und immer

wieder so handhabt, wird sich ganz sicher
ein „Aha-Effekt" bei dem Betroffenen
einstellen und vielleicht kann er dann auch
besser seine Auslöser reflektieren.

Der Borderline Erkrankte denkt zumeist in
Schwarz-Weiß-Denken. Entweder ist es ganz
schlimm oder ganz gut, dazwischen gibt es
nichts. Punkt! Das zu akzeptieren, wenn man
diese Krankheit nicht hat, ist ein wirklich
schwerer und kraftraubender Prozess. Man
kann es sich rational nicht erklären, warum
der Betroffene denn nicht in der Lage ist,
auch mal einen „Zwischenweg" für sich zu
finden.
Ganz einfach!
Er kann es nicht!
Ihm fehlen die Mittel dafür. Zumindest fürs
Erste. In einer Therapie kann man vieles
lernen, dazu aber später.
Euch bleibt nur die Variante, den
Betroffenen zu verstehen oder es zu
versuchen. Versucht euch in die mentale Lage
des Betroffenen zu versetzen oder lasst sie
euch, in einem ruhigen und entspannten
Moment, erklären. Wir Betroffenen wissen am
besten, wie wir denken und vermitteln das
auch gern, bei mir ist es jedenfalls so. So
geben wir dem Außenstehenden die
Möglichkeit, uns zu verstehen.
Nehmt euch die Zeit und das Verständnis.

Die Hochanspannung ist da?
Lasst den Betroffenen die Zeit, sich zu

regulieren. Wie lange dieser Zeitraum
dauert, kann man nicht festlegen. Ihr müsst
geduldig sein und bleiben. Wir schießen nach
oben, kommen aber auch zurück zum Ursprung.
Nehmt die Stimmungsschwankungen, die sich
minütlich ändern können, so gelassen und
geduldig wie nur irgend möglich , so schafft
ihr nicht nur Vertrauen und Ruhe, sondern
auch eine anschließend offene Kommunikation
seitens des Betroffenen.

Eines muss immer gegeben sein:

Bietet eure Hilfe ruhig an. Fragt, was ihr
machen könnt/sollt und ihr werdet entweder
eine Antwort bekommen oder nicht. Das ist ok
so. Ihr lernt ja auch mit jeder Schwankung,
mit jeder Anspannung den Betroffenen besser
kennen und könnt ihn irgendwann lesen wie
ein offenes Buch.

Eines aber sollte IMMER klar sein. Solltet
ihr entweder den Eindruck haben oder der
Eindruck wird euch vermittelt, dass akute
Lebensgefahr herrscht, dann zögert keine
Sekunde einen Notarzt zu rufen. Lieber
einmal zu viel als einmal zu wenig!
In den meisten Fällen ist es wahrscheinlich
nicht nötig, aber was ist der nicht nötige
Moment und was der nötige? Wenn ihr alle
vorhergegangenen Punkte eingehalten habt,
wisst ihr wie und wann ihr handeln müsst.
Das ist die Essenz aus all den Gesprächen,

Erfahrungen und Erlebnissen, die ihr mit den Betroffenen hattet.

Natürlich ist das alles extrem zeit-und nervraubend. Das ist mir selbstverständlich bewusst. Ich bin auch zu einhundert Prozent der Meinung, dass nicht nur ihr euch auf den Betroffenen einstellen müsst, sondern auch der Betroffene sich auf euch einstellen muss. Ist das nicht gegeben, wird eine Beziehung, zum Beispiel, sehr schwer bis unmöglich. Natürlich ist das Verhältnis des Geben und Nehmens nicht gleich verteilt. All das, was ihr nicht Betroffene könnt, kann der an BPS Erkrankte nicht! Das muss er lernen. Ein Entgegenkommen ist zum Beispiel, wenn er/sie zustimmt, eine Therapie zu beginnen.

7. Die Therapie-Formen

Natürlich bin ich kein Therapeut oder Ähnliches. Daher kann auch ich nur über Recherchen die jeweiligen Formen erklären, ohne dabei bis ins kleinste Detail zu gehen. Daher halte ich dieses Kapitel recht analytisch und versuche nur, was ich punktuell weiß, mit einfließen zu lassen!

Es gibt also mehrere Therapien-Formen, die bei Borderline-Patienten angewendet werden können, um die Symptome zu lindern und die Lebensqualität zu verbessern.
Hier sind einige der häufigsten Therapien:

Dialektisch-Behaviorale Therapie (DBT):

Dies ist eine Art von Psychotherapie, die speziell für Borderline-Patienten entwickelt wurde. Sie konzentriert sich darauf, die Fähigkeiten zur Emotionsregulation, zwischenmenschlichen Beziehungen, Achtsamkeit und Stressbewältigung zu verbessern.
Die dialektisch-behaviorale Therapie (DBT) ist eine Art von Psychotherapie, die speziell für Menschen mit Borderline-Persönlichkeitsstörung (BPS) entwickelt wurde. Sie wurde von der Psychologin Marsha M. Linehan in den 1980er Jahren entwickelt und konzentriert sich auf die Verbesserung

der Fähigkeiten zur Emotionsregulation, Achtsamkeit, zwischenmenschlichen Beziehungen und Stressbewältigung.
DBT basiert auf einer dialektischen Philosophie, die besagt, dass zwei gegensätzliche Konzepte (z. B. Akzeptanz und Veränderung) nebeneinander existieren können und dass die Balance zwischen diesen Konzepten dazu beitragen kann, ein erfüllteres Leben zu führen. Die Therapie kombiniert Kognitions- und Verhaltensprinzipien, um BPS-Patienten zu helfen, ihre negativen Gedanken und Verhaltensmuster zu erkennen und zu ändern. Die DBT-Therapie umfasst vier Hauptbereiche:Einzeltherapie: Der Patient trifft sich regelmäßig mit einem Therapeuten, um individuelle Ziele und Probleme zu besprechen und Strategien zur Bewältigung von Symptomen zu entwickeln.Gruppentherapie: Der Patient nimmt an einer Gruppensitzung mit anderen BPS-Patienten teil, um Fähigkeiten wie Achtsamkeit, Emotionsregulation und zwischenmenschliche Beziehungen zu erlernen und anzuwenden.Telefon-Coaching: Der Patient kann seinen Therapeuten außerhalb der regulären Sitzungen kontaktieren, um in akuten Krisensituationen Unterstützung und Anleitung zu erhalten.

Therapeuten-Team-Treffen: Die Therapeuten, die an der Behandlung beteiligt sind,

treffen sich regelmäßig, um den Fortschritt des Patienten zu besprechen und die Therapiepläne anzupassen.
Insgesamt zielt die DBT-Therapie darauf ab, Borderline-Patienten zu helfen, ihre Fähigkeit zur Emotionsregulation zu verbessern, Beziehungen zu stärken und Stress zu bewältigen, um ein erfülltes Leben zu führen.

Die schemafokussierte Therapie (SFT)

Die schemafokussierte Therapie (SFT) ist eine Art der Psychotherapie, die sich auf die Identifikation und Veränderung dysfunktionaler Schemata konzentriert, die aus frühen emotionalen Erfahrungen und Beziehungen entstanden sind. Schemata sind tief verwurzelte, automatische Gedanken- und Verhaltensmuster, die unser Denken, Fühlen und Handeln beeinflussen und oft zu emotionalen Problemen führen können.In der SFT werden dem Klienten spezifische Techniken angeboten, um seine emotionalen Bedürfnisse zu verstehen und dysfunktionale Schemata zu identifizieren. Das Ziel ist es, alternative, adaptive Schemata zu entwickeln und diese in das tägliche Leben des Klienten zu integrieren.Die SFT basiert auf der Annahme, dass sich die emotionalen Probleme

eines Klienten aus der Aktivierung
dysfunktionaler Schemata ergeben, die durch
bestimmte Ereignisse oder Situationen
ausgelöst werden. Die Therapie soll dem
Klienten helfen, seine Schemata zu erkennen
und zu verstehen, wie sie seine Gedanken,
Gefühle und Verhaltensweisen
beeinflussen.Die Therapie besteht aus einer
Kombination von kognitiven,
erlebnisorientierten und
verhaltensorientierten Techniken, die darauf
abzielen, die Schemata des Klienten zu
verändern. Dazu gehören zum Beispiel
Rollenspiele, imaginäre Übungen, kognitive
Umstrukturierung und
Verhaltensexperimente.Die SFT hat sich als
wirksam erwiesen bei der Behandlung von
verschiedenen psychischen Störungen, wie
beispielsweise Depressionen, Angststörungen
und Persönlichkeitsstörungen. Die SFT ist
jedoch nicht für jeden Klienten geeignet und
sollte von einem erfahrenen Therapeuten
individuell auf den Klienten zugeschnitten
werden.

Die mentalisierungsbasierte Therapie (MBT)

Die mentalisierungsbasierte Therapie (MBT)
ist eine Art der Psychotherapie, die darauf
abzielt, die Fähigkeit einer Person zu

verbessern, sich selbst und andere zu
verstehen und zu mentalisieren.
Mentalisieren bedeutet, dass man in der Lage
ist, Gedanken, Gefühle und Handlungen
anderer Menschen zu interpretieren und zu
verstehen, und auch in der Lage ist, sich
selbst und seine eigenen Handlungen zu
reflektieren und zu verstehen.
Die MBT konzentriert sich auf die
Verbesserung der mentalisierenden
Fähigkeiten des Klienten, um emotionale
Probleme und Beziehungsprobleme zu lösen.
Die Therapie basiert auf der Annahme, dass
viele psychische Störungen auf
Schwierigkeiten beim Mentalisieren
zurückzuführen sind, die aus traumatischen
oder dysfunktionalen Erfahrungen in der
Kindheit entstanden sind.In der MBT arbeitet
der Therapeut eng mit dem Klienten zusammen,
um seine Mentalisierungsfähigkeiten zu
verbessern und zu fördern. Die Therapie
umfasst oft Gruppen- oder Einzeltherapie-
Sitzungen, in denen der Klient lernt, seine
eigenen Gedanken, Gefühle und Handlungen zu
verstehen, sowie die Gedanken, Gefühle und
Handlungen anderer Menschen.
Die MBT nutzt Techniken wie Reflexion,
Empathie, Validierung und Klärung, um dem
Klienten zu helfen, seine mentalisierenden
Fähigkeiten zu verbessern. Der Therapeut
fordert den Klienten auf, sich selbst und
andere aus verschiedenen Perspektiven zu
betrachten, um alternative Interpretationen

von Verhalten zu erkunden und zu verstehen.Die MBT hat sich als wirksam erwiesen bei der Behandlung von verschiedenen psychischen Störungen, wie Borderline-Persönlichkeitsstörungen, Essstörungen, Depressionen und Angststörungen. Die MBT ist jedoch nicht für jeden Klienten geeignet und sollte von einem erfahrenen Therapeuten individuell auf den Klienten zugeschnitten werden.

Die Übertragungsfokussierte Therapie (TFP)

Die Übertragungsfokussierte Therapie (TFP) ist eine Form der Psychotherapie, die sich auf die Beziehung zwischen Therapeut und Patient konzentriert und darauf abzielt, unbewusste Übertragungen des Patienten auf den Therapeuten zu identifizieren und zu bearbeiten.Die TFP basiert auf der psychoanalytischen Theorie und geht davon aus, dass unsere frühen Beziehungserfahrungen dazu führen können, dass wir bestimmte emotionale Muster und Verhaltensweisen entwickeln, die unsere aktuellen zwischenmenschlichen Beziehungen beeinflussen. In der TFP geht es darum, diese Muster und Verhaltensweisen bewusst zu machen und zu bearbeiten.Ein zentraler Aspekt der TFP ist die Arbeit mit der

Übertragung, das heißt den unbewussten Gefühlen, Wünschen und Konflikten, die der Patient auf den Therapeuten überträgt. Der Therapeut nutzt diese Übertragungen, um dem Patienten zu helfen, tiefere Einsichten in seine inneren Konflikte und Probleme zu gewinnen und diese zu bearbeiten.Ein weiterer, wichtiger Aspekt der TFP ist die Arbeit mit der Gegenübertragung, also den Gefühlen und Reaktionen, die der Therapeut auf den Patienten überträgt. Durch die Arbeit mit der Gegenübertragung kann der Therapeut seine eigenen unbewussten Anteile erkennen und bearbeiten, was ihm hilft, eine professionelle Distanz zum Patienten zu wahren und gleichzeitig eine authentische und empathische Beziehung aufzubauen.
Die TFP ist eine langfristige Therapieform, die in der Regel wöchentlich über einen Zeitraum von mehreren Jahren durchgeführt wird. Sie eignet sich insbesondere für Menschen mit Persönlichkeitsstörungen oder schweren Beziehungsproblemen, kann aber auch bei anderen psychischen Problemen wie Depressionen oder Angststörungen eingesetzt werden.

Kognitive Verhaltenstherapie (CBT):

Diese Therapie konzentriert sich auf die
Identifizierung von negativen Gedanken- und
Verhaltensmustern und darauf, sie durch
positive und gesündere zu ersetzen. Sie kann
auch helfen, die Fähigkeit zur Problemlösung
und zur Emotionsregulation zu verbessern.

Der Therapieansatz der CBT ist darauf
ausgerichtet, negative Gedankenmuster und
Verhaltensweisen zu identifizieren und zu
verändern, die zu psychischen Problemen
führen. CBT geht davon aus, dass negative
Gedanken oft automatisch und unbewusst sind
und dass sie zu einer Verstärkung von
unangenehmen Emotionen führen können. Durch
die Identifizierung und Herausforderung
dieser negativen Gedankenmuster können
Patienten lernen, ihre Emotionen besser zu
regulieren und ihr Verhalten zu ändern.

CBT ist eine zeitlich begrenzte Therapie,
die in der Regel zwischen 12 und 20
Sitzungen umfasst. Die Therapie konzentriert
sich auf spezifische Probleme und Ziele und
wird durch eine enge Zusammenarbeit zwischen
Therapeut und Patient erreicht. Der
Therapeut hilft dem Patienten, seine
Gedanken und Verhaltensweisen zu
identifizieren, die zu den psychischen
Problemen beitragen, und gibt ihm Werkzeuge
und Techniken an die Hand, um diese zu
ändern.

Einige der Techniken, die in der CBT-
Therapie angewendet werden können, sind:

1. Psychoedukation: Der Therapeut erklärt
   dem Patienten die Zusammenhänge
   zwischen seinen Gedanken, Emotionen und
   Verhaltensweisen und wie sie sich
   gegenseitig beeinflussen.

2. Kognitive Umstrukturierung: Der Patient
   lernt, negative Gedankenmuster zu
   identifizieren und zu ändern, indem er
   sie auf ihre Wahrheitsgehalte hin
   überprüft und alternative, positivere
   Gedanken entwickelt.

3. Verhaltensaktivierung: Der Patient
   lernt, Aktivitäten zu planen und
   umzusetzen, um sein Wohlbefinden zu
   steigern und depressive Symptome zu
   reduzieren.

4. Entspannungs- und Achtsamkeitsübungen:
   Der Patient lernt Entspannungstechniken
   wie progressive Muskelentspannung und
   Achtsamkeitsübungen, um besser mit
   Stress umzugehen.

Insgesamt zielt die CBT-Therapie darauf ab,
dem Patienten Werkzeuge und Techniken an die
Hand zu geben, um seine Gedanken, Emotionen
und Verhaltensweisen zu kontrollieren und so
seine psychischen Probleme zu lindern.

Psychoanalyse:

Diese Therapie ist darauf ausgerichtet, unbewusste Motive und Erfahrungen aus der Kindheit zu erkunden, um tieferliegende Ursachen für Verhaltens- und Beziehungsmuster zu identifizieren und zu behandeln.Medikamentöse Therapie: Es gibt verschiedene Medikamente, die zur Behandlung von Borderline-Symptomen wie Depressionen, Angstzuständen oder Impulskontrollstörungen eingesetzt werden können.Psychosoziale Therapie: Diese Therapie zielt darauf ab, Unterstützung und Hilfe bei der Bewältigung von Lebensproblemen und zwischenmenschlichen Beziehungen zu bieten. Sie kann auch die Fähigkeiten zur Bewältigung von Stress und zur Emotionsregulation verbessern.

Die Kognitive Verhaltenstherapie (CBT) ist eine Art von Psychotherapie, die auf der Annahme basiert, dass unsere Gedanken, Emotionen und Verhaltensweisen miteinander verbunden sind und dass Veränderungen in einem dieser Bereiche Veränderungen in den anderen Bereichen zur Folge haben können. Die CBT-Therapie ist evidenzbasiert und hat sich als wirksam bei der Behandlung von verschiedenen psychischen Erkrankungen wie Angststörungen, Depressionen, posttraumatischen Belastungsstörungen und Essstörungen erwiesen.

Die Psychoanalyse ist eine Art der tiefenpsychologischen Therapie, die von

Sigmund Freud entwickelt wurde und darauf
abzielt, unbewusste Konflikte und Emotionen,
die in der Kindheit entstanden sind, zu
erkunden und zu bearbeiten. Die
Psychoanalyse geht davon aus, dass unser
Verhalten und unsere Emotionen von
unbewussten Trieben und Erfahrungen
beeinflusst werden, die in unserer Kindheit
entstanden sind. Indem der Therapeut dem
Patienten dabei hilft, diese unbewussten
Aspekte seines Lebens zu erkunden und zu
verstehen, kann er ihm helfen, seine
gegenwärtigen Probleme zu lösen.

Der Therapieansatz der Psychoanalyse ist auf
die Idee der Freudschen Psychoanalyse
aufgebaut, die sich aus drei
Hauptkomponenten zusammensetzt: der
psychoanalytischen Technik, der Theorie des
Unbewussten und der Theorie der
Persönlichkeitsstruktur.

Die psychoanalytische Technik beinhaltet in
der Regel eine dreifache Sitzungsstruktur,
bei der der Patient auf einer Couch liegt
und der Therapeut ihm zuhört und ihm gezielt
Fragen stellt, um ihm dabei zu helfen,
unbewusste Konflikte und Emotionen zu
erkunden. Der Patient soll sich so sehr auf
seine Gedanken und Emotionen konzentrieren,
dass er sich über das, was in seinem
Unterbewusstsein vor sich geht, bewusster
wird.

Die Theorie des Unbewussten besagt, dass ein

großer Teil unseres Verhaltens und unserer
Emotionen von unbewussten Trieben
beeinflusst wird, die aus der Kindheit
stammen. Diese unbewussten Konflikte können
sich im Verhalten des Patienten
manifestieren und zu psychischen Problemen
führen.

Die Theorie der Persönlichkeitsstruktur
besagt, dass die Persönlichkeit in drei
Teile unterteilt ist: das Es, das Ich und
das Über-Ich. Das Es bezieht sich auf die
Instinkte und Triebe, das Ich auf das
Bewusste und das Über-Ich auf das Gewissen.

Der Therapeut hilft dem Patienten dabei,
seine unbewussten Konflikte und Emotionen zu
erkennen, indem er ihm gezielte Fragen
stellt und ihn dazu ermutigt, über seine
Gedanken und Emotionen zu sprechen. Indem
der Patient seine unbewussten Konflikte
erkennen und bearbeiten kann, kann er seine
gegenwärtigen Probleme lösen und ein
besseres Verständnis seiner selbst und
seiner Emotionen entwickeln.

Zusammenfassend kann man sagen, dass der
Therapieansatz der Psychoanalyse darauf
abzielt, unbewusste Konflikte und Emotionen
zu erkunden und zu bearbeiten, um dem
Patienten zu helfen, seine gegenwärtigen
Probleme zu lösen und ein besseres
Verständnis seiner selbst und seiner
Emotionen zu entwickeln. Die
psychoanalytische Technik, die Theorie des

Unbewussten und die Theorie der
Persönlichkeitsstruktur sind die Grundlagen,
auf denen Psychoanalyse aufgebaut ist.

Die medikamentöse Therapie im Zusammenhang
mit Borderline-Persönlichkeitsstörungen wird
hauptsächlich zur Behandlung von
begleitenden Symptomen wie Depressionen,
Angstzuständen, impulsivem Verhalten und
Schlafstörungen eingesetzt. Eine
medikamentöse Therapie allein kann jedoch
nicht die Störung selbst behandeln, sondern
ist nur ein Teil eines umfassenden
Therapieplans, der auch psychotherapeutische
Interventionen beinhalten sollte.

Die medikamentöse Therapie basiert auf der
Verwendung von Psychopharmaka wie
Antidepressiva, Antipsychotika,
Stimmungsstabilisatoren und Anxiolytika.
Antidepressiva werden in der Regel zur
Behandlung von Depressionen und
Angstzuständen eingesetzt, während
Antipsychotika bei Symptomen wie
Wahnvorstellungen, Halluzinationen oder
Stimmungsschwankungen hilfreich sein können.
Stimmungsstabilisatoren werden häufig zur
Behandlung von Stimmungsschwankungen
eingesetzt, während Anxiolytika zur
Behandlung von Angststörungen eingesetzt
werden können.

Der Therapieansatz der medikamentösen
Behandlung ist auf eine Symptomlinderung

ausgerichtet und zielt darauf ab, die
Stimmung, das Verhalten und die allgemeine
Lebensqualität des Patienten zu verbessern.
Medikamente allein können jedoch keine
tiefgreifenden Veränderungen in der
Persönlichkeit und im Verhalten eines
Borderline-Patienten bewirken. Daher wird
eine medikamentöse Therapie in der Regel mit
anderen Therapieansätzen wie der
Psychotherapie kombiniert, um eine
umfassende Behandlung zu gewährleisten.

Man bedenke bitte, dass jeder Patient
unterschiedlich auf Medikamente reagiert und
dass es einige Nebenwirkungen geben kann.
Daher sollte die medikamentöse Therapie nur
unter der Aufsicht eines erfahrenen
Psychiaters erfolgen, der die Dosierung und
den Behandlungsplan individuell auf den
Patienten abstimmen kann.

Psychosoziale Therapie (PST) bezieht sich
auf eine Gruppe von Therapieansätzen, die
darauf abzielen, die sozialen und
emotionalen Fähigkeiten einer Person zu
verbessern, um die Symptome einer
Borderline-Persönlichkeitsstörung zu
reduzieren. Diese Therapieansätze basieren
auf der Annahme, dass schwierige Beziehungen
und traumatische Erfahrungen in der Kindheit
zu einer Dysregulation der Emotionen und der
zwischenmenschlichen Interaktion führen
können.

Die Psychosoziale Therapie basiert auf der
Annahme, dass Borderline-Patienten durch
eine unterstützende und therapeutische
Beziehung mit einem geschulten Therapeuten
ihre emotionale Regulation verbessern und
ihre Beziehungen zu anderen verbessern
können. Der Ansatz betont auch die Bedeutung
der sozialen Unterstützung und die
Entwicklung von Fähigkeiten, um die
allgemeine Lebensqualität des Patienten zu
verbessern.

Die Psychosoziale Therapie sollte immer als
Teil eines umfassenden Therapieplans in
Verbindung mit anderen Therapieansätzen wie
Medikamenten und Psychotherapie betrachtet
werden. Der Therapieansatz zielt darauf ab,
eine langfristige Verbesserung der Symptome
und eine Verbesserung der Lebensqualität des
Patienten zu erreichen.

Natürlich kann ich hier nur jedem raten:

Nehmt immer die Hilfe eines Facharztes in
Anspruch. Gerade die medikamentöse
Behandlung und alle anderen Behandlungen
können nur, und ich meine nur, von
Fachärzten durchgeführt werden. Von der
Diagnose, zum Befund und schließlich zur
zielführenden Therapie-Form.
Bedenkt bitte immer, wenn ihr nicht
betroffen seid, ihr seid kein Therapeuten
Ersatz! Auch wenn ihr meint, ihr kennt den

Betroffenen am besten und könnt ihm
sicherlich am besten helfen:
NEIN, KÖNNT IHR DEFINITIV NICHT!

Mein Fazit:
Natürlich dürft ihr googeln (oder andere
Suchmaschinen verwenden) um euch in die
Materie einzulesen, das habe ich auch getan.
Nur bitte, lasst es dann auch gut sein und
begebt euch in professionelle Hände. Lest
Rezessionen in den jeweiligen Foren oder auf
den jeweiligen Internetseiten, wer da der
beste Ansprechpartner für euch sein könnte.

Es ist eine anstrengende Suche und erfordert
sehr viel Zeit, Zeit, die sich aber
definitiv lohnt!
Es wird, so meine Erfahrung, auch nicht der
oder die erste Therapeut/in sein, der euch
zusagen und dem ihr zu einhundert Prozent
vertraut, auch da gehört Geduld und Energie
zu, ihr werdet aber ganz sicher, auch mit
Wartezeiten, den oder die richtigen
Therapeuten finden.

8. Erfahrungsbericht Teil 1

Hier der erste Erfahrungsbericht eines
Angehörigen von mir. Wie gesagt,
schonungslos und offen. Ich kürze nichts und
lasse nicht aus. Ob es mir nun passt oder
nicht, aber das ist die ungeschönte
Wahrheit.

Here we go:

Es ist nicht leicht zu beschreiben, wie es
ist, mit einem Borderliner umzugehen, mit
ihm befreundet zu sein oder ihn als Partner
zu haben.
Ich sage euch:
Es ist oft kein Zuckerschlecken!

Es ist eine stetige Gratwanderung
zwischen extremen Emotionen, mit denen man
natürlich auch, wenn man selbst nicht
betroffen ist, umzugehen wissen muss, kann
und vor allem auch will. Ich glaube all das
ist nur möglich, wenn man selbst ein sehr
emotionaler und emphatischer Mensch ist, da
man nur so ansatzweise die Fähigkeiten hat,
das Gegenüber, in dem Fall den Borderliner,
zu verstehen, ansatzweise zu empfinden was
er empfindet und nur im geringsten zu
verstehen was ihn in gewisser Weise
triggert. Das heißt, was ihn dazu bringt, in
gewisse extreme Gefühlswelten abzugleiten.
Man sollte die Person sehr gut kennen, ihn/
sie irgendwie in gewisser Weise studiert

haben, nur so weiß und versteht man gewisse
Verhaltensweisen und kann lernen damit
umzugehen. Das was Borderliner nicht, oder
noch nicht „können", weil sie es nie gelernt
haben, sollten wir in dem Fall übernehmen.
Ich für meinen Teil, habe eine lange Zeit
studiert und Situationen, in denen mein
Gegenüber „entglitt", hinterfragt. Zuerst
den Betroffenen selbst gefragt, das jedoch
ohne Erfolg, da die Auslöser selbst oft
nicht erkannt werden. Also habe ich
versucht, Auslöser zu erkennen. Als ich
merkte, dass ich mehrfach wusste, was diese
Auslöser sind, habe ich versucht, sie zu
„verhindern". So gut es ging natürlich und
natürlich auch nur, wenn ich dabei war. Nur
so kann man lernen, mit einem Borderliner
umzugehen und ihn zu verstehen. Es ist nicht
leicht, das gebe ich zu und vielen Menschen
ist es sicherlich viel zu anstrengend, auch
das kann ich verstehen. Ich hatte anfangs
oft das Gefühl, es gäbe zwei
Persönlichkeiten in einem Menschen. In
gewisser Weise ist es auch so. Ich stelle es
mir immer so vor: Durch diese extremen
Gefühlswelten entgleitet derjenige/diejenige
oftmals in Zustände die wir ansatzweise
kennen wenn wir stinksauer sind, dann
vielleicht auch schon mal Dinge gesagt und
getan haben die wir nicht so meinten. Bei
Borderlinern ist dieser Zustand gestiegen
bis ins Unermessliche....er verliert sich in
diesen Zuständen selbst und gerät dann oft

in dissoziative Zustände. Das heißt, er/ sie
ist gar nicht mehr wirklich Herr seiner
Sinne. Und da wären wir bei der zweiten
Person.

Das ist wirklich extrem schrecklich
anzusehen, wie ich selbst oft erleben
musste. Von Schmerzen und Krämpfen, bis hin
zu Halluzinationen war alles dabei. Von den
Gefühlen, die es in einem selbst auslöst,
mal ganz zu schweigen.

Genauso ist es natürlich bei Traurigkeit
oder auch Freude: Alles ist extrem. Wir, als
nicht Betroffene, haben also nur die
Möglichkeit, gewisse Zustände durch unser,
ich sage jetzt mal gesundes Verhalten, zu
verhindern. Äußere Einflüsse spielen bei
Borderlinern immer die größte Rolle. Es kann
Alles und Jeder sein der ihn triggert.
Lernen, damit umzugehen, sollten die
Betroffenen natürlich eher in einer
Therapie. Ganz wichtig hier zu sagen,
versucht NIEMALS die Therapeutin oder den
Therapeuten zu spielen. Das geht meist
schief und ist auch definitiv nicht eure
Aufgabe. Versucht den Betroffenen davon zu
überzeugen, falls er nicht schon eine
Therapie macht, dass das helfen könnte.
Fragt ihn ob ihr ihm/ihr dabei helfen sollt
einen Therapeuten-in zu finden. Oft sind sie
damit überfordert. Wie sie mit vielen Dingen
überfordert sind. Meist sogar mit sich
selbst. Bietet auf jeden Fall immer und

immer wieder Hilfe an, auch wenn es erst
abgelehnt wird. Nicht nervig werden, aber
natürlich immer mal wieder fragen reicht,
irgendwann nimmt er/ sie die Hilfe an. Es
sind oft kleine Schritte, kleine Dinge die
für uns völlig normal sind und in kürzester
Zeit erledigt wären, die einem Borderliner
das Leben schwer und in seinen Augen
unmöglich machen. Zeigt ihm/ ihr , dass er/
sie euch Aufgaben abgeben kann, die ihr für
ihn/ sie erledigen könnt. Das gibt ihm/ihr
in gewisser Weise eine Sicherheit.

Sicherheit ist auch ein ganz, ganz wichtiges
Thema. Borderliner brauchen ein extrem
stabiles Umfeld, oft ist es ihnen aber nicht
möglich, genau das zu halten. Wenn man das
versteht, ist die halbe Arbeit schon getan.
Man sollte öfter mal fünf gerade sein
lassen. Ich für meinen Teil kann nur sagen ,
dass ihr jedoch bei all dem, euch selbst
auch niemals vergessen dürft. Achtet auf
euch und zeigt ihm/ ihr Grenzen auf.
Vielleicht auf eine vorsichtige Art und
Weise, als ihr es sonst tun würdet, aber
zeigt sie auf. Er/ Sie muss genauso wissen,
dass es Grenzen bei euch gibt, die nicht
überschritten werden dürfen. Aber auch das
ist oft ein Lernprozess und erfordert sehr
viel Feingefühl. Es ist wirklich nicht
einfach, aber wenn beide daran arbeiten, ist
es möglich. Der Borderliner selbst hat
natürlich viel mehr zu erledigen, um es mal

herunterzubrechen, aber wir sollten auch
unseren Teil dazu beitragen, dass der Mensch
der wirklich hinter dieser schrecklichen
Krankheit steckt und den man als Freund/in
oder auch Partner liebt, wieder normal und
mit einigermaßen regulierten Gefühlen leben
kann. Wir versuchen sozusagen, das wieder
gut zu machen, was Menschen in der Kindheit
bzw. Vergangenheit schlicht und einfach
verkackt haben (Sorry für den Ausdruck, aber
der trifft es am Besten). Es gibt so viele
Möglichkeiten und Szenarien. Auch ich habe
vieles probiert, ich denke, es ist von
Person zu Person unterschiedlich.

Aber eines weiß ich:
Ohne Empathie und einer gewissen
Sensibilität wird es definitiv nicht
klappen!
Wenn es euch, trotz allem, mit all dem nicht
gut geht und ihr anfangt extrem zu leiden,
überlegt euch bitte sehr gründlich, ob ihr
dazu in der Lage seid.
Wenn ihr selbst hinterher kaputt seid,
bringt es keinem von beiden mehr etwas.
Sowohl als Partner als auch als Freund.Ich
habe eben davon erzählt, dass alle
Gefühlszustände extrem sind, natürlich auch
die glücklichen Zustände, auf die ich hier
kurz eingehen möchte . Ein Borderliner wird
euch in diesen Zuständen in den Himmel loben
euch glorifizieren und auf seine persönliche
Säule stellen…während es sein kann, dass

sich im nächsten Moment bereits der
gegenteilige Zustand anbahnt und ihr nur
noch zu unrecht behandelt und beleidigt
werdet. In diesen Situationen geht die
Realität komplett verloren. Dies ist
wirklich das schwierigste im Umgang mit
einem Borderliner, wie ich finde, da es beim
Gegenüber natürlich auch Gefühle auslöst und
absolute Irritation. Man denkt oft darüber
nach, was nun die Wahrheit ist - was ist
real und was nicht. Ist es vielleicht wie
bei Kindern und Betrunkenen ?! Um das
herausfiltern zu können, müsst ihr ihn bzw.
sie schon sehr gut kennen.

Hier kann ich euch nur raten, geduldig zu
sein und auf den Therapieerfolg zu hoffen.
Lasst niemals eure Gesundheit außen vor und
vergesst niemals eure Bedürfnisse. Auch das
passiert leider sehr schnell. Ihr seid auch
noch für euch selbst verantwortlich. Wenn
ihr euch wirklich sicher seid, dann gebt ihm
/ihr die Zeit die Therapie zu machen und die
Zeit alles zu ver- und bearbeiten. Es wird
sicherlich dauern und auch ihr werdet immer
wieder an eure Grenzen stoßen, aber im
besten Fall wird es hinterher belohnt. Nehmt
euch die Zeit und den Raum, ihm/ihr diese
Möglichkeit zu geben. Und zwar mit
seiner/ihrer Krankheit umgehen und
einigermaßen „normal" leben zu können.
Schämt euch aber auch nicht, wenn ihr an dem
Umgang mit dieser Krankheit scheitert, weil

ihr selbst zu sehr darunter leidet. Für einen Borderliner selbst ist eine Beziehung , ob nun freundschaftlich oder in einer Partnerschaft, eine absolute Meisterprüfung. Ihm / ihr alles abzunehmen, für immer, ist nicht die Lösung, wenn ihr mich fragt. Für die Zeit der Therapie schon und auch hinterher sollte ein Borderliner immer Struktur bekommen. Das heißt aber nicht, dass ihr alles übernehmt und er/ sie nichts mehr. Jeder ist anders und jeder Borderliner braucht ein anderes Gerüst. Das muss man zusammen herausfinden und erarbeiten. Vor allem ist aber wichtig, wie ich finde, so sollte es eben in jeder Beziehung sein, dass beide zuletzt glücklich sind. Egal ob psychisch krank oder nicht.

Anmerkung des Autors:
Wie gesagt, es ist wie es ist und ich habe nichts gestrichen oder beschönigt.

Es ist eine Herausforderung und das sage ich
- der Borderliner...

9. In die Klinik oder nicht?

Zu dieser Frage gibt es nur ein klares Jein!

Diese Entscheidung ist immer individuell und unter Miteinbeziehung eines Facharztes oder Therapeutin zu treffen.

Psychische Krankheiten sind ein breites Spektrum von Störungen, die das Denken, die Emotionen und das Verhalten beeinträchtigen können. Einige Beispiele sind Angststörungen, Depressionen, bipolare Störungen, Schizophrenie und Essstörungen. Wenn eine Person an einer psychischen Krankheit leidet, kann dies ihr tägliches Leben stark beeinträchtigen und zu Problemen bei der Arbeit, in Beziehungen und in anderen Bereichen führen.

Eine psychiatrische Klinik kann eine wichtige Rolle bei der Behandlung psychischer Erkrankungen spielen. Dort können Betroffene Zugang zu einer umfassenden Diagnose und einer professionellen Behandlung erhalten, die darauf abzielt, Symptome zu lindern und eine langfristige Genesung zu fördern. Eine Klinik bietet normalerweise eine Vielzahl von Therapien, einschließlich medizinischer Behandlungen und Psychotherapie.

Die Entscheidung, in eine psychiatrische Klinik zu gehen, ist eine individuelle Entscheidung und hängt von der Schwere der

Erkrankung ab. Wenn jemand das Gefühl hat, dass seine Symptome seine Fähigkeit, ein normales Leben zu führen, beeinträchtigen oder ihn daran hindern, seine täglichen Aufgaben zu erledigen, kann es eine gute Idee sein, professionelle Hilfe in Anspruch zu nehmen. Andere Faktoren, die eine Rolle spielen können, sind die Schwere der Symptome, frühere Behandlungserfahrungen und die Verfügbarkeit von Unterstützungssystemen.

Es ist definitiv zu beachten, dass eine psychiatrische Klinik nicht immer die beste Wahl ist. In einigen Fällen können ambulante Behandlungsoptionen (Tagesklinik) oder Unterstützung durch einen Hausarzt oder einen Therapeuten ausreichen. Die Wahl des richtigen Pflege Umfelds hängt von der individuellen Situation des Betroffenen ab und sollte immer gemeinsam mit einem Fachmann entschieden werden.

Insgesamt ist die Entscheidung, in eine psychiatrische Klinik zu gehen, eine wichtige und persönliche Entscheidung, die auf individuellen Umständen basiert. Wenn ein Betroffener das Gefühl hat, dass seine Symptome seine Fähigkeit, ein normales Leben zu führen, beeinträchtigen oder ihn daran hindern, seine täglichen Aufgaben zu erledigen, sollte er professionelle Hilfe in Anspruch nehmen. Eine psychiatrische Klinik kann eine wertvolle Ressource sein, um die

Symptome von psychischen Erkrankungen zu
behandeln und eine langfristige Genesung zu
fördern.

In meinem Fall hat die Inanspruchnahme einer
Klinik im vorherigen Austausch mit meiner
Familie und meiner Therapeutin begonnen.
Ich lasse nun ganz bewusst meine Erfahrung
mit einer Klinik außen vor, da diese wieder
nur subjektiv wäre und in keinster Weise für
einen Erfolg oder Misserfolg stehen darf.
Ich rate aber jedem, der den Entschluss
gefasst hat, diesen Schritt zu gehen. Dort
sind Menschen, die nur ein Ziel haben: Euch
zu helfen!
Natürlich muss man auch hier eine
sorgfältige Vorauswahl treffen und sich
nicht nur im Internet, sondern auch bei
eurem behandelnden Arzt bzw. Therapeuten
kundig machen. Nicht jede Klinik ist z.B.
auf Borderline spezialisiert oder nur auf
Depressionen, welcher Art auch immer, da
sollte man ganz genau hinschauen.
Bietet die Klinik eine speziell auf eure
Bedürfnisse zugeschnittene Therapie-Form und
wie sind die Erfolge? Lest
Erfahrungsberichte dazu.

Was wird dort angeboten?
Entspricht das, zum einen, euren
Vorstellungen und zum anderen, hat es den
Vorstellungen ehemaliger Patienten
entsprochen? Auch dazu kann ich nur
empfehlen, Erfahrungsberichte im Internet zu

lesen.
Fahrt in die gewünschte Klinik und guckt
euch alles in Ruhe an. Sprecht
gegebenenfalls mit Patienten oder deren
Angehörigen, um euch ein Bild zu machen.
Achtet dort in einem Erstgespräch auf die
Vorgehensweise der für euch angedachten
Therapie-Form. Habt ihr Vertrauen in die
Worte des Arztes? Wenn ja, ist alles gut.
Solltet ihr Zweifel haben, sucht nach einer
Alternative. Das kann ich nur aus eigener
Erfahrung sagen.

Solltet ihr dann „eure" Klinik gefunden
haben, seid euch bitte darüber im Klaren,
dass ihr dort zu einhundert Prozent
mitarbeiten müsst und euch an die
„Anweisungen" der Fachkräfte halten müsst.
Ich selbst weiß, wie schwer das ist. Man
hinterfragt, zweifelt an sich und den Ärzten
und vor allem passiert folgendes:
„Warum zum Teufel bin ich hier und was soll
das bringen?"
Das ist eine Frage, die ihr euch ständig
stellen werdet.
Ihr seid krank und das müsst ihr
akzeptieren. Ihr seid dort in einer Klinik
und das ist nicht mit einer Rehaklinik oder
einem Hotel zu verwechseln!
Mitunter lernt man natürlich auch
Mitpatienten kennen und dann bäumt sich
regelrecht die nächste Frage/These auf:
„Dem geht's doch viel schlechter als mir,

eigentlich bin ich gar nicht krank!" Doch seid ihr!

Jeder hat seinen ganz persönlichen Rucksack zu tragen und nur eure Erkrankung hat Priorität, nur eure, sonst keine! Natürlich tauscht man sich aus, aber was bei einem anderen Patienten vielleicht nicht funktioniert hat, heißt nicht, dass es bei euch nicht funktioniert. Alles ist individuell zu sehen und zu handhaben. Macht nicht den Fehler und lasst euch von anderen beeinflussen. Das wird euch und eurer Therapie nicht gut tun. Konzentriert euch auf euch und eure Ziele, seid fokussiert und zielorientiert, nur so werdet ihr einen Erfolg verbuchen können.

Auch hier spreche ich aus eigener Erfahrung. In der Regel werdet ihr ca. acht Wochen (so der Durchschnitt) in dieser Klinik verweilen müssen. Das ist für viele, gerade mit Familie, Haustieren usw. eine große logistische Herausforderung. Ich verstehe auch, wenn jemand sagt: „Ich muss mich doch um meinen Hund, meine Katze, meine Kinder usw. kümmern." Ich verstehe das wirklich! ABER:

Es geht hier um eure Gesundheit, ergo auch um die Gesundheit eurer Angehörigen, sei es nun Partner, Familie oder Verwandte und Freunde.

Nur wenn ihr gesund werdet, wird auch euer Umfeld mit gesunden!

Mit gesund meine ich auch nicht eine

Heilung, die gibt es bei der BPS Störung
nicht. Ich meine vielmehr den Umgang mit der
Erkrankung. Ihr lernt dort mit der Krankheit
zu leben, euren Alltag neu zu strukturieren
und eure Zustände und Episoden zu
verringern, respektive, sie in den Griff zu
bekommen. Das wird auch Auswirkungen auf
euer Umfeld haben. Denkt euch da mal rein!
Nicht nur ihr wollt gesund werden, eure
Liebsten wollen das auch. Mit Sicherheit
sogar!

Was könnt ihr Nicht - Erkrankten tun?
Da sein!
Kümmert euch im Hintergrund um die
Alltagsdinge des Patienten, öffnet die Post,
informiert, wenn nötig, Ämter und Behörden
und übernehmt die Fürsorge des Haustieres
oder der Kinder.
Ja, ich weiß, auch ihr habt euren Alltag und
dann sollt ihr auch noch den Alltag eines
Kranken mit übernehmen. Eine Mammutaufgabe.
Definitiv!

Ihr lest hier einen Ratgeber, der euch
zeigen soll, wie ihr mit psychisch
Erkrankten umgehen könnt. Das ist die
Realität!

Ihr wollt, dass der Erkrankte einigermaßen
„Wiederhergestellt" aus der Klinik entlassen
wird? Dann müsst ihr das Opfer bringen. Ihr
habt euch im Vorfeld dafür entschieden, ihm

zu helfen, also zieht das durch.
Das, was der Betroffene in der Klinik
leisten muss, geht über jegliche
Vorstellungskraft eurerseits hinaus und ist
nicht ansatzweise nachzuvollziehen. Das soll
eure Leistung in keiner Weise schmälern,
auch ihr leistet einen Bärendienst, aber nur
in der Kombination ist ein Erfolg überhaupt
möglich. Macht sich der Patient in der
Klinik nur Sorgen, ob es seinen Liebsten gut
geht, wird er den Aufenthalt entweder
abbrechen oder nicht mit dem gewünschten
Ergebnis abschließen, das ist sicher.
Ein Patient, der freiwillig in eine Klinik
geht, ist labil und benötigt professionelle
Hilfe. Ihr könnt den Background dafür
schaffen, dass er es schafft, dass ihr es
gemeinsam schafft.

Ihr habt gemeinsam ein Ziel, packt es an!

10. Suizidversuch

Kommen wir zu dem denkbar heftigsten
Szenario:
Der Suizidversuch.
Mein Versuch es mit meinen Worten zu
erklären:

Als Verfasser dieses Buches kann ich keine
medizinischen oder psychologischen Diagnosen
stellen, da ich kein ausgebildeter Experte
auf diesem Gebiet bin. Ich kann jedoch
versuchen, aus der Sicht eines Betroffenen
zu erklären, warum Borderline-Patienten ein
erhöhtes Risiko für Suizid haben.
Menschen mit BPS erleben oft intensive
Emotionen und haben Schwierigkeiten, diese
zu regulieren, was zu impulsivem Verhalten
und Selbstverletzung führen kann. Das
instabile Selbstbild und die Identität
können zu einer mangelnden Fähigkeit führen,
mit Stress umzugehen und eine klare
Entscheidung zu treffen. Menschen mit
Borderline-Persönlichkeitsstörung erleben
oft extreme Gefühle von Hoffnungslosigkeit
und Verzweiflung, insbesondere in Zeiten von
emotionaler Instabilität, Trauma oder
Beziehungsproblemen. In dieser Zeit können
sie sich isoliert, unverstanden oder
ausgeschlossen fühlen, was zu einem Gefühl
der Einsamkeit und Entfremdung führen kann.
Dies kann dazu führen, dass sie sich selbst
schädigen oder sogar versuchen, sich das

Leben zu nehmen, um ihren Schmerz zu lindern
oder aus dem Leben zu entkommen. Zusätzlich
können Menschen mit BPS auch eine sehr hohe
Empfindlichkeit gegenüber Ablehnung, Kritik
oder Trennung empfinden, was zu intensiven
Emotionen führen kann. Wenn sie das Gefühl
haben, dass ihre Beziehung oder soziale
Bindungen gefährdet sind, können sie sich
verzweifelt fühlen und das Gefühl haben,
dass ihr Leben keinen Sinn mehr hat. Dies
kann dazu führen, dass sie sich das Leben
nehmen, um der emotionalen Qual und dem
Schmerz zu entkommen.
Bitte beachtet, dass Suizid kein
unausweichliches Ergebnis von BPS ist!

Das so analytisch wie möglich zu erklären,
fällt selbst mir sehr schwer.
Auch ich kenne das Gefühl.
Ich kenne das Gefühl, wenn einem sein
Zustand, seine Hochanspannung, sein
mangelndes Selbstwertgefühl, sein Hass aus
sich selbst und sein Leben so derart auf die
Seele schlägt, dass man eigentlich nur weg
will. Man will nur weg. Weg von allem Leid,
weg von den Schmerzen, weg von den
Konventionen, einfach weg von allem. Flucht
scheint das einzig probate Mittel zu sein.

Ich kann auch hier selbstverständlich nur
aus meinen Augen sehen und aus meinen
Erfahrungen heraus schreiben.

Es ist ein heikles Thema und ich kann an
dieser Stelle nur nochmals betonen:

Solltet ihr euch einem Betroffenen gegenüber sehen, der es in Erwägung zieht, sich zu suizidieren, ruft ganz schnell die 112!

Sollte es dann zur Zwangseinweisung oder ähnlichem kommen, dann ist das so! Was ist wohl sinniger? Einen tödlichen Verlauf beizuwohnen oder zumindest der Versuch, einer Genesung beizuwohnen? Ich denke, die Antwort ist jedem klar.

Ich schreibe das hier ganz bewusst so hart wie es tatsächlich ist. Hier kann man kein Schleifchen herumbinden und sagen: „Ach, das wird schon.“

Nein, hier ist Handeln erforderlich. Nicht mehr und auch nicht weniger.

Wieder zurück zu mir.
Ich persönlich wollte mich noch nie wirklich umbringen. Ich wollte immer nur raus aus der Situation, konnte es nicht mehr ertragen, konnte die Schmerzen in Kopf und Körper nicht mehr aushalten, wollte doch nur wie jeder andere glücklich sein dürfen und ein normales Leben mein eigen nennen dürfen. Und da kommen wir an diesen einen Punkt: Ist die Absicht Selbstmord zu begehen weil man es tatsächlich will besser oder schlechter als keine wirkliche Absicht zu haben, jedoch trotzdem das gleiche Ziel zu verfolgen, das es aufhören soll, unterschiedlich? Ich denke nicht! Das eine ist akut und das andere nur ein Schönreden.

Das Ergebnis allerdings ist dasselbe. Am
Ende lauert der Tod. Klingt hart, oder? Was
soll ich euch sagen? Es ist hart.
Aus diesen, gerade genannten Gründen wage
ich immer die These, dass psychische
Erkrankungen tödlich enden können. Da nützt
keine Schminke, um etwas zu übertünchen. Das
ist leider, oftmals, die traurige Realität.

Man beachte:
Suizidale Krisen bei unipolarer Depression:
In Deutschland nehmen sich jährlich rund
10.000 Menschen das Leben, viele davon sind
an einer Depression erkrankt. Bei dieser
Gruppe ist die Suizidrate etwa 20-mal höher
als im Durchschnitt der Bevölkerung.

Noch Fragen?

Ja, es ist „nur" eine Statistik, was besagt
die schon?
Sie besagt nur, dass sich 10.000 Menschen
aufgrund einer Krankheit das Leben nehmen.
Wir haben aktuell (Stand März 2023) 84,3
Millionen Einwohner in Deutschland. Das
heißt, dass nur 0,01% betroffen sind. Klingt
nicht viel, oder?
Das heißt aber auch, dass sich im Jahr ca.
25 Menschen täglich das Leben nehmen. Das
klingt schon anders?
Das sind nicht nur Zahlen ihr Lieben, das
sind Leben! Leben, die einfach weg sind,
weg, aufgrund einer psychischen Störung.

Spätestens jetzt sollte jedem bewusst
werden, wie gefährlich diese Krankheiten im
Allgemeinen sind, egal ob BPS, Depressionen
oder Ähnliches. Kein Mensch sucht sich diese
Krankheit aus, sie wurde entweder vererbt
oder durch schwere Traumata ausgelöst. Da
ist jeder Tote einfach ein Toter zu viel!
Ach ja, ich habe da noch ein Fakt:
Basierend auf epidemiologischen Studien sind
in Deutschland jedes Jahr 27,8 % der
erwachsenen Bevölkerung von einer
psychischen Erkrankung betroffen. Dies
entspricht mit 17,8 Millionen Menschen
ungefähr der Einwohnerzahl von Nordrhein-
Westfalen.

Jetzt klar, was ich damit sagen möchte?

Wenn also ein psychisch erkrankter, in eurem
Umfeld, solch gelagerte Absichten an den Tag
legt, zögert keine Sekunde, ihm zu helfen.
Sollte er „nur" damit drohen, um es als
Druckmittel gegen euch zu verwenden weil er
Aufmerksamkeit erlangen möchte, zögert keine
Sekunde und geht auf diese Drohung ein und
sei es nur, um ihm zu zeigen:
„Mit mir nicht!"

Auch ich musste lernen, dass solche
Drohungen nicht adäquat sind und man sein
Umfeld lediglich in Angst und Schrecken
versetzt. Auch ich musste lernen, mich so zu
äußern, wie es mein tatsächlicher Zustand
hergibt, ohne Druck auszuüben.

Ja, man will seinem Leid entkommen und ja,
man will, dass es aufhört. Es ist ein langer
und schwerer (therapeutischer) Weg, um zu
der Erkenntnis zu gelangen, dass man das
auch auf alternativem Wege schaffen kann.

Ich möchte hier nicht den Eindruck
vermitteln, dass so mit jedem Betroffenen
umgegangen werden sollte. Es gibt, weiß
Gott, genug Betroffene, die diese Krankheit
so heftig erwischt haben, dass sie ihr Leben
lang therapeutische und ärztliche Hilfe
benötigen.
Da kommen noch andere Faktoren hinzu wie
z.B.:
Ein psychisch kranker Mensch benötigt
gesetzliche Hilfe, wenn er eine Gefahr für
sich selbst oder andere darstellt oder wenn
er aufgrund seiner Erkrankung nicht in der
Lage ist, Entscheidungen zu treffen, die
sein Wohlergehen beeinträchtigen können.
Wenn eine Person aufgrund ihrer psychischen
Erkrankung in akuter Gefahr ist, kann eine
Zwangseinweisung in eine psychiatrische
Einrichtung notwendig sein. In einigen
Fällen kann auch eine Betreuung oder eine
Vormundschaft notwendig sein, um
sicherzustellen, dass die Bedürfnisse einer
Person mit einer psychischen Erkrankung
angemessen berücksichtigt werden.

All das spielt eine große Rolle wenn wir
über den Suizid sprechen.
Vielleicht hilft euch das ein wenig weiter,

wenn ihr in der Rolle des Angehörigen seid.

Mein Appell an euch:
Nehmt es niemals auf die leichte Schulter.

11. Erfahrungsbericht Teil 2

!!!Triggerwarnung!!!

Wer mir diesen Bericht geschickt hat,
verrate ich natürlich nicht, da die Bitte an
mich herangetragen wurde, die Daten nicht zu
veröffentlichen und alles weitere ist
selbsterklärend.
Ich hatte Beklemmungen, als ich die Story
per Mail bekommen habe, und ich danke
demjenigen von Herzen, der sie mir geschickt
hat.
Natürlich ist mir der Absender bekannt!

Der Name Fritz ist frei erfunden.

Ähnlichkeiten o.ä. sind nicht beabsichtigt,
weder von mir noch vom Einsender. Die
Geschichte beruht auf wahren Begebenheiten
und wurde von mir nicht verändert.

Hier die Geschichte:
Ich habe leider die traurige Erfahrung

machen müssen, ein Angehöriger eines
Borderliners zu sein.
Sein Name war Fritz, und niemals werde ich
vergessen, wie schwierig es war, mit ihm
umzugehen. Ich und X machten dieses Drama
Tag für Tag durch, nicht wissend, was mit
ihm nur los war.

Fritz war ein Mensch mit großen Extremen in
seinem ganzen Handeln und Sein.
Er war voller Leben, als er bei uns war,
aber er konnte auch sehr deprimiert sein und
sich von allem und jedem zurückziehen, wenn
er in einer schwierigen Phase war.
Er war impulsiv, unberechenbar und manchmal
sogar gewalttätig. Das machte uns immer
schwer zu schaffen. Es gab Zeiten, in denen
er uns alle in Angst und Schrecken
versetzte.

Es war schwierig, Fritz zu verstehen und
noch schwieriger, seine Handlungen zu
akzeptieren. Ich erinnere mich an Zeiten, in
denen er mir und X gegenüber sehr gemein war
und mir Vorwürfe machte, die völlig aus der
Luft gegriffen und unbegründet waren.
Es gab Momente, in denen ich mich fragte, ob
ich etwas falsch gemacht habe oder ob ich
ihm irgendwie unbewusst weh tun würde. Aber
ich wusste, dass ich nichts falsch gemacht
hatte. Ich wusste, wir haben nichts falsch
gemacht. Es war einfach sein Zustand, das
weiß ich heutzutage. Trotzdem macht man sich
Vorwürfe, nicht genug getan zu haben.

Fritz konnte sehr manipulativ sein, und es
war schwierig zu erahnen, wann er die
Wahrheit sagte oder uns nur benutzte, um
seine eigenen Bedürfnisse zu erfüllen.
Es war schwer zu sagen, ob er uns wirklich
liebte oder ob er uns nur benutzte, um
seinen eigenen Schmerz zu lindern. Das
wissen wir bis heute leider nicht und das
zermürbt uns sehr.

Ich erinnere mich an Zeiten, in denen Fritz
völlig außer Kontrolle geriet. Er wurde
aggressiv und irrational, und es schien, als
ob er jeden um sich herum angreifen würde.
Es waren Drogen im Spiel und auch jede Menge
Alkohol. Ich erinnere mich an Momente, in
denen ich Angst hatte, ihm gegenüberzustehen
und ich wusste nicht, was ich tun sollte.
Ich war ratlos.

Aber trotz all dieser Herausforderungen, die
mit Fritz einhergingen, gab es auch wirklich
schöne und gute Zeiten.
Es gab Momente, in denen er wirklich
glücklich war und mit uns lachte. Es gab
Zeiten, in denen er sich entschuldigte und
uns sagte, dass er uns liebte. In diesen
Momenten war es schwer zu glauben, dass er
eine schwere Persönlichkeitsstörung hatte.

Insgesamt war die Erfahrung, Angehöriger
eines Borderliners zu sein, unglaublich
schwierig. Es war ein ständiger emotionaler
Rollercoaster und es gab Momente, in denen
ich nicht wusste, ob ich es schaffen würde.

Aber ich lernte auch, wie extrem wichtig es
war, für ihn da zu sein und ihm zu helfen,
wenn ich konnte.
Ich hoffe so sehr, dass er irgendwann
Frieden finden konnte und dass er wusste,
wie sehr wir ihn geliebt haben, trotz allem,
was wir und auch er haben durchmachen
müssen.

Leider hat Fritz eines Tages sein Schicksal
selbst in die Hand genommen und uns mit in
seinen Sog gezogen, ein Sog, der bis heute
nicht aufhört an uns zu zerren.

Das liegt jetzt fast 10 Jahre zurück und es
fühlt sich an, als ob er jeden Moment
reinkommt und sagt: „Hier bin ich wieder,
ich war nur kurz weg...“

Anmerkung des Autors:
Ich kommentiere das nicht weiter, diese
Geschichte steht für sich. Leider.

12. Die Schmerzen

Ich möchte euch in diesem Kapitel näher bringen, wie sich die Zustände, die Hochanspannungen in Schmerzen ausdrücken und zeigen können.

Stellt euch eine wirklich miese Grippe vor. Habt ihr? Gut!

Das ist der Ist-Zustand in einer Hochanspannung. Nicht bei jedem, aber bei den meisten Betroffenen.

Dazu dieses ständig auftretende Kopfschmerzen, Übelkeit und dieses Flimmern in den Augen bei aufkommendem Stress.

Der Körper rebelliert und reagiert.

Die meisten Menschen denken bei Depressionen z.B. an Stimmungsprobleme wie Traurigkeit oder Hoffnungslosigkeit, aber körperliche Symptome wie Schmerz sind ebenfalls sehr weit verbreitet.

Einige Theorien besagen, dass Schmerz ein Weg für den Körper ist, um auf emotionale Schmerzen oder Stress zu reagieren. Wenn jemand unter BPS, Depressionen o.ä. leidet, können sie Gefühle von emotionaler Leere oder Niedergeschlagenheit haben, die durch Schmerzen kompensiert werden können. Der Schmerz kann eine Möglichkeit sein, diese Emotionen zu verarbeiten und auszudrücken.

Obwohl es keine direkte körperliche Ursache

für die Störung gibt, haben Menschen mit
Borderline oft körperliche Symptome, die im
Zusammenhang mit ihrer psychischen
Gesundheit stehen können.
Ein weiterer wichtiger Aspekt des Schmerzes
im Zusammenhang mit Depressionen ist, dass
Schmerzen als Warnsignal dienen können. Wenn
jemand körperliche Schmerzen hat, kann dies
ein Hinweis darauf sein, dass etwas mit dem
Körper nicht stimmt oder dass weitere
medizinische Untersuchungen erforderlich
sind. Schmerzen können dazu beitragen, dass
Menschen aufmerksamer auf ihre körperlichen
Bedürfnisse achten und sich besser um sich
selbst kümmern.

Es gibt jedoch auch eine negative Seite von
Schmerz im Zusammenhang mit psychischen
Erkrankungen. Körperliche Schmerzen können
das Leben eines Betroffenen noch schwieriger
machen, indem sie ihre Fähigkeit
beeinträchtigen, alltägliche Aktivitäten
auszuführen oder an sozialen Aktivitäten
teilzunehmen. Dieser Schmerz kann zu einem
Teufelskreis führen, in dem Depressionen den
Schmerz verschlimmern und der Schmerz
wiederum die Depressionen verstärkt.

Viele Menschen mit Borderline-
Persönlichkeitsstörungen klagen über
chronische Schmerzen, insbesondere
Kopfschmerzen, Magen-Darm-Probleme und
Muskelverspannungen. Diese körperlichen
Symptome können auf eine Reihe von Faktoren

zurückzuführen sein, einschließlich Stress,
Angst und Depressionen, die häufig mit der
Störung verbunden sind.

Ein möglicher Faktor ist der Zusammenhang
zwischen Stress und Schmerzen.
Studien haben gezeigt, dass Stress die
Schmerzwahrnehmung erhöht und zu
körperlichen Symptomen führen kann. Menschen
mit Borderline-Persönlichkeitsstörungen
erleben oft eine erhöhte emotionale
Belastung, die zu chronischem Stress führen
kann. Dieser Stress kann dazu führen, dass
sie Schmerzen empfinden, selbst wenn keine
offensichtliche körperliche Ursache
vorliegt.

Ein weiterer Faktor, der zu körperlichen
Symptomen bei Menschen mit Borderline-
Persönlichkeitsstörungen beitragen kann, ist
die Neigung zu impulsivem Verhalten.
Menschen mit Borderline-
Persönlichkeitsstörungen können sich selbst
auf verschiedene Arten schaden,
einschließlich Selbstverletzung und
Substanzmissbrauch. Diese Verhaltensweisen
können zu körperlichen Schmerzen und
Beschwerden führen.

Darüber hinaus kann die Borderline-
Persönlichkeitsstörung auch mit anderen
Erkrankungen einhergehen, die körperliche
Symptome verursachen können. Zum Beispiel
können Menschen mit Borderline-
Persönlichkeitsstörungen häufig auch unter

Depressionen, Angstzuständen, posttraumatischen Belastungsstörungen und Essstörungen leiden. Diese Erkrankungen können ebenfalls mit körperlichen Symptomen einhergehen, die von Schmerzen bis hin zu Magen-Darm-Problemen reichen können.

Ach ja, da war ja noch was: Substanzmissbrauch!

Eine weitere Möglichkeit ist, dass Drogen und Alkohol als Bewältigungsstrategie verwendet werden, um mit den emotionalen Schwierigkeiten umzugehen, die mit der Borderline-Persönlichkeitsstörung einhergehen. Menschen mit Borderline haben oft intensive emotionale Reaktionen auf alltägliche Ereignisse, und Drogen oder Alkohol können als kurzfristige Methode zur Linderung dieser emotionalen Belastung dienen. Das Problem ist jedoch, dass diese Substanzen langfristig mehr Schaden anrichten und die zugrunde liegende psychische Gesundheit nicht verbessern können.

Ein weiterer Faktor ist die Impulsivität, die oft mit Borderline-Persönlichkeitsstörungen verbunden ist. Menschen mit Borderline können impulsiv handeln und schnelle Entscheidungen treffen, ohne die Konsequenzen zu bedenken. Dies kann zu einem erhöhten Risiko für Drogenmissbrauch und Sucht führen, da sie möglicherweise nicht über die Auswirkungen ihres Verhaltens nachdenken.

Es gibt vermehrt Hinweise darauf, dass bestimmte Neurotransmitter im Gehirn von Menschen mit Borderline-Persönlichkeitsstörungen beeinträchtigt sein können, was sie anfälliger für Sucht macht. Neurotransmitter wie Serotonin und Dopamin spielen eine wichtige Rolle bei der Regulierung von Stimmung und Verhaltensweisen. Wenn diese Neurotransmitter aus dem Gleichgewicht geraten sind, kann dies zu einer erhöhten Anfälligkeit für Sucht führen.

Also Drogen und Alkohol noch obendrauf?

Ich habe ja auf den zurückliegenden Seiten versucht zu erklären, warum und weshalb.

Auch ich habe jahrelangen Raubbau an meinem Körper betrieben, einen Raubbau, der sicher nicht förderlich für einen etwaigen Genesungsprozess war. Kokain und Alkohol als „Waffe" gegen die Depression und die Impulsivität. Natürlich endete das im Desaster, das brauche ich wohl nicht extra zu erwähnen.
Was hat das mit Schmerzen zu tun ?
Jede Menge!
Das Gehirn vergisst nichts und bietet einem die wunderbare Möglichkeit des Flashbacks. Vereinfacht gesagt heißt das: Man kommt, gefühlt, immer wieder in die Situation des Drogenrausches, obwohl man nüchtern ist. Man

erlebt diesen Zustand immer und immer wieder und es frisst sich in das Gehirn und kommt in unregelmäßigen Abständen zu Besuch.

Das verursacht immer wieder Schmerzen. Sobald dieser Zustand fühlbar in die Erinnerung zurückkehrt, sendet der Körper sofort ein SOS. Es ist vergleichsweise wie die Overthinking-Phase, zu der ich noch ausführlicher kommen werde.
Warum ich das in diesem Ratgeber erwähne? Damit ihr seht und versteht, dass ein Betroffener nicht nur wirre Gedanken und Gefühle hat, sondern tatsächlich auch reale Schmerzen und er nicht der Hypochonder ist, für den man ihn schnell hält.
Oftmals rennen psychisch Erkrankte ergebnislos zum Hausarzt, weil sie eine Grippe vermuten. Nein, sie haben keine Grippe oder eine Erkältung, es ist ein Teil ihres Krankheitsbildes, was bis dato scheinbar nicht diagnostiziert ist oder seitens des Hausarztes nicht genug hinterfragt wurde.
Somit habt ihr einen weiteren Anhaltspunkt dafür, dass bei der Person eures Umfeldes eventuell eine psychische Erkrankung vorliegt.

Kommen wir zur Overthinking - Phase.
Ich nehme das mit unter die Rubrik Schmerzen, weil auch dieses Phänomen dafür sorgt, Schmerzen zu verursachen.
Ein häufiges Merkmal der Borderline-

Persönlichkeitsstörung ist die sogenannte Overthinking-Phase. Dabei handelt es sich um intensive Gedankenkreise, die sich um eine Vielzahl von Themen drehen können. Diese Gedanken können sich beispielsweise um zwischenmenschliche Beziehungen, Selbstbild, Identität oder Zukunftsperspektiven drehen.

In der Overthinking-Phase neigen Borderline-Betroffene dazu, immer wieder dieselben Gedanken, Sorgen und Ängste zu haben und sich in diesen festzubeißen. Sie können nicht aufhören, über bestimmte Dinge nachzudenken und sich vorzustellen, was passieren könnte. Die Gedanken werden immer wieder durchgespielt und analysiert, auch wenn sie unproduktiv sind oder zu keinem klaren Ergebnis führen.
Wann passiert das am häufigsten? Natürlich kurz vor dem Einschlafen! Das Karussell dreht und dreht sich, wird immer schneller und ist nicht aufzuhalten. Einen Not-Aus-Knopf gibt es nicht.

Diese Überanalyse kann zu einem hohen Maß an emotionaler Belastung führen. Betroffene fühlen sich innerlich unruhig und erschöpft, da sie keine klare Lösung für ihre Probleme finden können. Sie können auch das Gefühl haben, dass ihre Gedanken außer Kontrolle geraten und sie keine Möglichkeit haben, sie zu stoppen. Dadurch kann sich das Gefühl der Überforderung noch verstärken.

Die Overthinking-Phase kann das

Selbstwertgefühl beeinträchtigen und das Gefühl der Unsicherheit und Verwirrung verstärken. Menschen mit Borderline-Persönlichkeitsstörung können sich in diesen Phasen sehr unsicher fühlen und Angst davor haben, falsche Entscheidungen zu treffen. Dies kann zu einem Gefühl der Lähmung führen, was die Entscheidungsfähigkeit beeinträchtigt.

Für Betroffene kann es schwierig sein, aus der Overthinking-Phase herauszukommen. Eine mögliche Strategie ist, sich bewusst zu machen, dass die Gedankenkreise unproduktiv sind und eine klare Lösung nicht immer sofort gefunden werden kann. Es kann auch helfen, sich auf konkrete Handlungen zu konzentrieren, anstatt sich nur auf die Gedanken zu konzentrieren.
Strategien benötigen jedoch viel Training.

All das zusammengefasst verursacht Schmerzen, Symptome einer Grippe, selbst Fieber ist keine Seltenheit. Also geht nicht her und spricht dem Betroffenen die Schmerzen ab, er hat sie wirklich, sie sind real. Sie haben nur eine andere Ursache und wurden nicht bakteriell oder viral erzeugt.

13. Sag niemals nie

Was sagen wir einem psychisch Kranken und
was besser nicht? Die Frage aller Fragen!

Hier einige Beispiele, was man besser nicht
sagen sollte:

„Kopf hoch, das wird schon wieder. "Alles
wird gut."
Für einen depressiven Menschen wird gar
nichts gut. Die Zeit kann keine Depression
heilen, sie vergeht nicht einfach so.
Es sind depressive Menschen, sie können
nicht hoffen und positiv denken. Sie sind
krank!

„Du hast doch eigentlich alles, was Du
brauchst und hast doch ein schönes Leben"
Man darf eines nicht außen vor lassen: Eine
Depression macht keine Unterschiede, wen sie
befällt. Sie unterscheidet nicht in arm und
reich.

„Guck mal, draußen ist schönes Wetter."
Der Betroffene hat in seinen depressiven
Phasen kein Empfinden darüber, ob es warm
oder kalt, schön oder regnerisch und sonnig
ist. Natürlich weiß er um die Tatsachen,
aber er empfindet sie nicht.

„Lach doch mal."
Stellt euch vor, depressive Menschen können
tatsächlich lachen, es ist ja eine ganz
einfache Körperfunktion, die sich

willentlich steuern lässt.
Depressive Menschen lachen sogar sehr oft
(Smiling Depression), damit niemand merkt,
wie es ihnen wirklich geht.

Wenn es einem Depressiven schlecht geht,
dann ist dieser Spruch gemein und Versuche
der Aufmunterung sind dann auch daneben. Dem
Menschen geht es seelisch schlecht, da hilft
kein kleines Späßchen und auch kein Witz, um
die Lage zu verbessern.

„Warum bist Du immer noch depressiv? Du
machst doch eine Therapie. "Es müsste dir
doch besser gehen."
Wenn es so leicht wäre, den Grund für
Depressionen herauszufinden. Dann würde ja
die Zahl an Erkrankungen nicht weiter
zunehmen. Das wäre toll!
Es gibt keine logischen Gründe für eine
Depression oder depressive Phase.

Rückfälle passieren häufig und nur weil
jemand seine Medikamente nimmt und eine
Therapie macht, geht es ihm nicht
automatisch besser.

Zunächst kann eine Verschlimmerung
eintreten, weil sich der Patient mit seinen
Problemen auseinandersetzt. Dann ist noch
die Frage, ob die Therapie anschlägt usw.
Der Weg aus der Depression ist lang und
unfassbar anstrengend.
„Ich kenne das, ich bin auch oft schlecht

drauf.“

Ein Betroffener ist nicht schlecht drauf, er hat eine Krankheit, die ihn an den Rand des Zumutbaren katapultiert. Es gibt dramatische Unterschiede zwischen „nicht gut drauf sein“ und psychisch krank!

„Jeder ist mal traurig.“

Das stimmt natürlich. Jeder Mensch ist aus den verschiedensten Gründen mal traurig. Depression und Traurigkeit sind zwei unterschiedliche Dinge. Traurigkeit ist eine normale Emotion, die wir alle von Zeit zu Zeit empfinden, und sie kann durch eine Reihe von Faktoren wie Verlust, Enttäuschung oder Stress ausgelöst werden. Sie ist in der Regel zeitlich begrenzt und geht vorbei, wenn wir uns mit der Situation auseinandersetzen oder uns von ihr entfernen.

Depression hingegen ist eine ernsthafte psychische Erkrankung, die mit einer anhaltenden, tiefen Traurigkeit oder Niedergeschlagenheit einhergeht, die nicht immer durch äußere Faktoren erklärt werden kann. Die Symptome der Depression können Wochen, Monate oder sogar Jahre andauern und können das tägliche Leben einer Person erheblich beeinträchtigen.

Als Betroffener habe ich mich natürlich viel mit dem Thema Depression auseinandergesetzt und kann daher aus dieser Perspektive sagen,

dass aufmunternde Worte allein leider oft
nicht ausreichen, um einem depressiven
Menschen zu helfen.

Ein depressiver Mensch kann sich nicht
einfach durch positive Worte aus seiner
Situation herausreden oder davon
überzeugen , dass alles wieder besser wird.
Oftmals fühlt sich der Betroffene von
solchen Aussagen sogar noch schlechter, da
er sich nicht verstanden oder ernst genommen
fühlt.

Depressionen sind eine komplexe Erkrankung,
die von vielen Faktoren beeinflusst werden
kann, wie z.B. biologische, psychischen und
sozialen Faktoren. Eine Depression kann
durch ein Ungleichgewicht bestimmter
Botenstoffe im Gehirn ausgelöst werden, aber
auch durch traumatische Ereignisse,
stressige Lebenssituationen oder genetische
Faktoren verstärkt werden. Die Auslöser und
Ursachen sind von Mensch zu Mensch
unterschiedlich.

Aufmunternde Worte können durchaus eine
positive Wirkung auf einen depressiven
Menschen haben, aber sie können die
eigentliche Ursache der Depression nicht
beseitigen. In vielen Fällen braucht der
Betroffene professionelle Hilfe, um seine
Depression zu überwinden.

Ein weiteres Problem bei aufmunternden
Worten ist, dass sie oft aus der Perspektive

des Gesunden kommen. Für einen Menschen, der unter Depressionen leidet, können diese Worte sehr oberflächlich und leer wirken. Die Betroffenen können sich unverstanden fühlen und das Gefühl haben, dass ihre Depression nicht ernst genommen wird. Depressionen sind eine sehr individuelle Erkrankung und jeder Betroffene hat seine eigene Geschichte und seine eigenen Probleme. Es ist von daher sehr wichtig, dass jeder Betroffene individuell betrachtet wird und nicht pauschal mit aufmunternden Worten abgespeist wird.

Klingt alles zu analytisch?

Aber genau so müsst ihr es betrachten: Als Analyse. Ihr könnt mit einem gesunden Mindset das Mindset des Betroffenen nicht logisch erklären, selbst wenn ihr euch noch so viel Mühe gibt.
Ihr habt diese Krankheit nicht und ich kann mich ja auch nicht in die Erkrankung eines Migräne-Patienten denken, wenn ich es nie erlebt habe.
Wie fühlt sich eine Frau in ihrer menstrualen Phase? Keine Ahnung, woher soll ich das als Mann wissen? Ich kann nur die Gegebenheiten annehmen und weiß, okay, jetzt ist es ein paar Tage anders als sonst.
Für mich ist es nicht vorstellbar und genau so solltet ihr die psychische Erkrankung auch ansehen – als nicht vorstellbar für denjenigen, der sie nicht hat. Seid froh

darüber!

„Was du gerade durchmachst, ist echt
schlimm. "Das glaube ich dir."‟
Ich habe aber alternativ ein paar nette
Worte für euch, die ihr einem Betroffenen
gerne sagen dürft. Das ist keine Garantie
auf eine Verbesserung aber als kleine
Nettigkeit sicherlich nicht schädlich:

„Erinnerst du dich daran, als es dir das
letzte Mal so schlecht ging und wie es dann
besser wurde?‟

„Nimm dir die Zeit, die du brauchst.‟

„Ich bin an deiner Seite. "Gemeinsam stehen
wir das durch.‟

„Darf ich dich umarmen und/oder deine Hand
halten?‟

„Ich bin froh, dass ich dich habe, ich
möchte keine(n) andere(n).‟

„Es ist vollkommen in Ordnung, wenn es jetzt
um dich geht.‟

„Du bist nicht alleine. "Ich bleibe bei
dir.‟

So oder so ähnlich könnt ihr gerne mit einem
Betroffenen kommunizieren, es wird ganz
sicher ein positives Gefühl hinterlassen,
wenn auch nicht in einer depressiven Phase,
aber sicherlich danach.

Es ist sehr schwer immer das Richtige zu
sagen und zu tun, das ist klar. Ihr werdet

mit der Zeit ganz genau wissen, wie ihr mit
dem Betroffenen umzugehen habt und was ihm
hilft und was nicht. Dafür benötigt ihr
Gespür und Erfahrung. Es ist für beide
Seiten nicht leicht, aber leichter für alle
Beteiligten, wenn es leichter gemacht wird.
Nehmt euch gegenseitig die Zeit und
erörtert, was in einer Phase ankommt und was
nicht. Was sollt und könnt ihr tun und was
besser sein lassen. Jeder Betroffene wird
euch gerne berichten, was ihm hilft. Zeigt
ihm: „Ich bin da!"

14. Woran erkenne ich

BPS und Depressionen?

Eine der am häufigst gestellten Fragen.
Ich versuche ein wenig Klarheit in die
Symptome zu bringen.

Die Symptome können von Person zu Person
variieren, aber es gibt einige allgemeine
Anzeichen und Merkmale, die auf eine
Borderline-Erkrankung hinweisen können.

Hier sind einige mögliche Anzeichen einer
Borderline-Erkrankung:

1. Instabile Stimmungen: Menschen mit
   Borderline können extreme
   Stimmungsschwankungen erleben, die von
   einem Gefühl der Leere bis hin zu Wut
   und Traurigkeit reichen können. Diese
   Stimmungen können schnell wechseln und
   sind oft intensiv und schwer zu
   kontrollieren.

2. Impulsives Verhalten: Menschen mit
   Borderline können impulsiv handeln und
   riskante Entscheidungen treffen, wie
   beispielsweise Drogenkonsum,
   Alkoholkonsum, ungeschützten Sex oder
   unverantwortliche Ausgaben. Sie können
   auch selbstverletzendes Verhalten wie
   Ritzen, Verbrennen oder Schneiden
   zeigen.

3. Instabile Beziehungen: Menschen mit

Borderline können Schwierigkeiten
haben, stabile Beziehungen aufzubauen
und aufrechtzuerhalten. Sie können
schnell von einer Person zur anderen
wechseln und haben oft Schwierigkeiten,
eine dauerhafte Verbindung zu anderen
aufrechtzuerhalten.

4. Identitätsstörungen: Menschen mit
Borderline können Schwierigkeiten
haben, ein stabiles Selbstbild
aufrechtzuerhalten. Sie können sich
selbst als leer, unbedeutend oder
unverbunden fühlen und Schwierigkeiten
haben, ihre Ziele und Werte zu
definieren.

5. Paranoide Gedanken: Menschen mit
Borderline können sich oft misstrauisch
und paranoid fühlen, insbesondere
gegenüber anderen Menschen. Sie können
auch das Gefühl haben, dass andere sie
ablehnen oder verlassen wollen.

6. Selbstverletzung: Menschen mit
Borderline können sich selbst
verletzen, um ihre Emotionen zu
kontrollieren oder sich zu beruhigen.
Dies kann sich in Form von
Selbstmordgedanken,
Selbstmordversuchen, selbstverletzendem
Verhalten und anderen Formen von
Selbstschädigung zeigen.

Depression ist eine häufige psychische
Erkrankung, die sowohl emotionale als auch
körperliche Symptome verursacht. Es kann
schwierig sein, eine Depression bei sich
selbst oder anderen zu erkennen, da die
Symptome von Person zu Person
unterschiedlich sein können. Hier sind
jedoch einige Anzeichen und Symptome, die
auf eine Depression hinweisen können:

1. Stimmungsprobleme: Menschen mit
   Depressionen können sich über einen
   längeren Zeitraum niedergeschlagen,
   hoffnungslos oder traurig fühlen. Sie
   können Schwierigkeiten haben, Freude an
   Aktivitäten zu finden, die ihnen
   normalerweise Freude bereiten, und
   können sich zurückziehen oder
   isolieren.

2. Schlafprobleme: Menschen mit
   Depressionen können Schwierigkeiten
   haben, einzuschlafen oder
   durchzuschlafen. Sie können auch sehr
   früh aufwachen oder viel länger als
   gewöhnlich schlafen.

3. Energiemangel: Menschen mit
   Depressionen können sich oft müde und
   energielos fühlen. Selbst einfachste
   Aufgaben können anstrengend und
   schwierig sein.

4. Konzentrationsprobleme: Menschen mit
   Depressionen können Schwierigkeiten

haben, sich zu konzentrieren oder sich
an Dinge zu erinnern. Dies kann die
Arbeit, die Schule oder den Alltag
beeinträchtigen.

5. Appetitveränderungen: Menschen mit
   Depressionen können ihren Appetit
   verlieren oder unkontrollierbare
   Heißhungerattacken haben. Dies kann zu
   Gewichtsverlust oder -zunahme führen.

6. Körperliche Symptome: Menschen mit
   Depressionen können körperliche
   Symptome wie Kopfschmerzen,
   Magenprobleme oder Schmerzen im ganzen
   Körper haben, ohne dass eine
   körperliche Erkrankung vorliegt.

7. Suizidgedanken: Menschen mit
   Depressionen können sich hoffnungslos
   fühlen und Selbstmordgedanken haben. Es
   ist wichtig, diese Symptome ernst zu
   nehmen und sofort professionelle Hilfe
   zu suchen.

Wenn ihr die Vermutung habt, dass entweder
ihr oder andere Menschen in eurem Umfeld
derartige Symptomatiken aufweisen, dann
nichts wie hin und zwar auf direktem Wege.
Wohin? Zum Arzt natürlich!

Alles weitere habe ich in dem Kapitel zuvor
intensiv beschrieben. Denkt immer daran:
Eine psychische Erkrankung ist kein
Verbrechen oder gar eine Minderung eures
Selbstbildes.

Eine frühzeitige Diagnose und Behandlung
kann dazu beitragen, die Symptome zu lindern
und das Wohlbefinden zu verbessern. Das ist
Fakt.

Ihr müsst nicht glauben, ihr seid damit
allein. Es ist auch kein Zeichen von
Schwäche, wie gesagt, es kann jeden treffen,
egal aus welchem Umfeld man stammt, egal
welchen Beruf man ausübt oder was man
gesellschaftlich meint, darzustellen.

Meist sind sogar Menschen mit einem sehr
hohen IQ von derartigen Krankheiten
betroffen. Ihr seht also, diese Krankheit
macht keine Unterschiede und keinen Halt,
vor nichts und niemandem.
Wenn ihr das verinnerlicht habt, seid ihr
einen Schritt weiter.
Den wichtigsten Schritt allerdings habt ihr
schon getan:
Ihr lest einen Ratgeber! Das zeigt doch ganz
klar, dass ihr zumindest eine Vermutung habt
und dass ihr willens seid, euch damit
auseinanderzusetzen.
Chapeau!
Alles andere ist jetzt um einiges leichter,
sowohl für euch, als auch für einen
vermutlich Betroffenen.
Das ist eines der Ziele dieses Buches.

15. Trigger und Skills

Was genau sind Trigger und was können sie anrichten? Nun ja, das ist eine Frage, die nicht ohne weiteres beantwortet werden kann.

Ich versuche es mal so analytisch wie möglich zu erklären:
Aus der Sicht eines Betroffenen kann ich Trigger wie folgt erklären, nämlich, dass Trigger für Borderline-Patienten äußerst bedeutsam sind. Ein Trigger ist ein Ereignis, eine Person oder ein Ort, der eine intensive emotionale Reaktion bei einem Borderline-Patienten auslösen kann. Diese Reaktion kann von Angst und Panik bis hin zu Wut und Selbstverletzung reichen.

Borderline-Patienten leiden unter einer emotional instabilen Persönlichkeitsstörung. Trigger können die BPS typischen Symptome verstärken und zu einer akuten Krise führen.

Trigger können viele Formen annehmen. Ein Trigger kann eine bestimmte Situation sein, wie zum Beispiel ein Streit mit einem geliebten Menschen oder eine Konfrontation am Arbeitsplatz. Ein Trigger kann auch ein Ort sein, an dem traumatische Ereignisse stattgefunden haben, wie zum Beispiel der Ort eines Unfalls oder einer Gewalttat.

Personen können ebenfalls Trigger sein. Beziehungen sind oft schwierig für Borderline-Patienten, da sie aufgrund ihrer emotionalen Instabilität Schwierigkeiten haben, stabile und gesunde Beziehungen aufrechtzuerhalten. Ein Partner, der in der Vergangenheit emotionalen Schmerz verursacht hat, kann zu einem Trigger werden und ein starkes Gefühl von Verlassenheit auslösen.

Hierbei ist es unabdingbar, dass jeder Mensch, unabhängig von einer Persönlichkeitsstörung, Trigger erleben kann. Allerdings können Trigger bei Borderline-Patienten besonders schwere Symptome hervorrufen und zu einem erhöhten Risiko für Selbstverletzung oder Suizid führen.

Ich kann nur eindringlich empfehlen, dass Borderline-Patienten lernen sollten, ihre Trigger zu erkennen und sich auf sie vorzubereiten. Dazu kann eine Therapie hilfreich sein, in der Techniken zur Emotionsregulation erlernt werden. Borderline-Patienten sollten auch eine Liste mit ihren eigenen Triggern erstellen, um sich bewusst zu sein, welche Situationen, Orte oder Personen für sie besonders herausfordernd sein können. Auf diese Weise können Borderline-Patienten besser auf ihre Trigger reagieren und ihre Symptome unter Kontrolle halten.

Was kann man gegen einen Trigger unternehmen, bzw. was für Skills (Fähigkeiten) können wirksam eingesetzt werden? Auch das ist natürlich individuell abhängig von den jeweiligen Betroffenen.

Hier ist eine kleine Liste mit
Skillvorschlägen.

Diese Liste ist natürlich ohne Gewähr auf
Funktionalität.

Nun einige Techniken, die helfen können,
emotionale Regulation zu verbessern und
Symptome zu lindern:

1. Achtsamkeit:
   Durch Achtsamkeitsübungen kann man
   lernen, sich bewusst auf den
   gegenwärtigen Moment zu konzentrieren,
   ohne sich von negativen Gedanken oder
   Gefühlen überwältigen zu lassen.

2. Tiefes Atmen:
   Tiefes Atmen hilft, den Körper zu
   beruhigen und das Nervensystem zu
   entspannen. Dies kann dazu beitragen,
   stressige Situationen zu bewältigen und
   Emotionen zu regulieren.

3. Entspannungsübungen:
   Entspannungsübungen wie Yoga,
   Meditation oder progressive
   Muskelentspannung können helfen, Körper
   und Geist zu beruhigen und Stress
   abzubauen.

4. Selbstberuhigung:
   Die Fähigkeit, sich selbst zu
   beruhigen, kann helfen, schwierige
   Emotionen zu bewältigen. Zum Beispiel
   kann man sich mit einer beruhigenden

Tasse Tee verwöhnen oder ein heißes Bad
nehmen.

5. Emotionsregulation:
Durch gezielte Techniken wie
Gedankenstopps oder Umdeutung negativer
Gedanken können Borderline-Patienten
lernen, ihre Emotionen besser zu
regulieren.

6. Kommunikation:
Eine offene und ehrliche Kommunikation
mit Freunden, Familie oder Therapeuten
kann helfen, Beziehungen zu verbessern
und das Verständnis für die eigenen
Bedürfnisse und Gefühle zu fördern.

7. Selbstpflege:
Sich selbst Gutes tun und für sich
selbst sorgen, kann das
Selbstwertgefühl stärken und das
Wohlbefinden verbessern. Zum Beispiel
kann man regelmäßige Zeit für sich
selbst einplanen oder sich mit einer
Massage oder einem Saunabesuch
belohnen.

8. Hobbys:
Sich auf Hobbys und Interessen zu
konzentrieren, kann helfen, positive
Emotionen zu fördern und die Stimmung
zu verbessern.

9. Soziale Unterstützung:
Der Austausch mit anderen Betroffenen
oder der Kontakt zu einer

Selbsthilfegruppe kann helfen, sich verstanden und unterstützt zu fühlen und die Bewältigung von Schwierigkeiten zu erleichtern.

10.Krisenplan:
Ein Krisenplan kann helfen, in akuten Krisensituationen schneller und besser reagieren zu können. Dazu gehören Notfallnummern, Kontaktinformationen für Therapeuten und Beruhigungstechniken.

Das alles sind nur Anregungen, die nützlich sein können. Natürlich kommt es auch auf die jeweilige Anspannungskurve des Betroffenen an.

Hilfreiches im Notfall

Der Notfallkoffer:

In der DBT-Therapie und den guten Zeiten ("Hoch-Phasen") haben wir uns einen Notfallkoffer für Stress -situationen zusammengestellt. Für die Zusammenstellung des Notfallkoffers solltest du auf folgendes achten:

- Praktisches, kleines Format – damit der Koffer bequem transportabel ist.

- Der Notfallkoffer sollte leicht zu öffnen sein

- Habe einen festen Platz zu Hause, der schnellstmöglich erreichbar ist

- Variante: Du kannst deine Skills und
  Hilfsmittel auch überall in deiner
  Kleidung und Taschen verteilen. Oder
  auch bestimmte Skills als Halskette
  oder Schlüsselanhänger stets bei dir
  tragen.

Die folgenden Borderline Skills helfen uns
bei starken Anspannungen, Überreaktionen,
Dissoziationen oder auch
Gefährdungssituationen und die meisten
passen auch in den Notfallkoffer.

1. Ammoniak Riechstäbchen
   Bei starker Anspannung und
   Dissoziationen!
   Riechstäbchen knicken und direkt unter
   die Nase halten. Der starke Ammoniak-
   Lavendelduft schießt durch den ganzen
   Körper und holt dich zurück in die
   Gegenwart.

2. Chili Bonbons
   Es gibt Chili-Bonbons in
   unterschiedlichen Schärfegraden.
   Je nach Anspannung das passende Chili-
   Bonbon lutschen.

3. Ein Federstahl Armband
   Ring, Armband und Rolle sind aus
   Federstahl gefertigt und können z.B. an
   den Unterarmen, Händen oder Füßen
   angewendet werden. Je nach Druck kann
   das ganz schön weh tun, ohne dich
   jedoch dabei zu verletzen.

4. Center Shocks kauen
   Wer kennt sie nicht aus seiner Kindheit
   und sie sind außerdem ein Klassiker
   unter den Skills:
   "Center Shocks" sind ideal für
   unterwegs und zu Hause. Der extra
   saure, heftige Geschmack sorgt für
   einen sensorischen Reiz bei mittelhoher
   Anspannung.

5. Der Igelball
   Ein Skill für mittlere bis mittelhohe
   Anspannung. Mit dem harten Igelball
   kannst du z.B. deine Fußsohlen oder
   Innenarme kräftig massieren.

6. Kaltes bis eiskaltes duschen
   Eiskaltes Wasser wird dafür sorgen, bei
   mittlerer bis hoher Anspannung, dass
   die Hochanspannung umgeleitet wird.

7. Kirschkerne oder Steine im Schuh
   Bei akutem Stress einige Kirschkerne
   oder kleine Kieselsteine in die Schuhe
   legen und schnell raus an die frische
   Luft, um spazieren zu gehen. Der
   sensorische Schmerz zusammen mit der
   Bewegung an der frischen Luft eignet
   sich besonders gut bei drohendem
   Kontrollverlust z.B. bei
   selbstverletzendes Verhalten.

8. Boxen am Sandsack oder wahlweise ein
   großes Kissen
   Egal ob großes Kissen oder richtiger

Boxsack: Bei extremer Anspannung hilft
Boxen besonders gut.
Powert euch richtig aus!

9. Radikales akzeptieren
Manchmal lässt sich die aktuelle
Situation einfach nicht ändern. Malen
z.B. kann helfen, die eigenen Gefühle
zuzulassen.
Die Radikale Akzeptanz stammt übrigens
aus der DBT-Therapie

10. Kneten
Therapieknete gibt es in mehreren
Stärken. Du kannst sie malträtieren,
bis die Finger schmerzen. Am besten
funktioniert dies mit der mittelfesten
Variante.

Diese Listen sind natürlich auch für
Angehörige wichtig zu kennen, um im Notfall
helfend zur Hand zu gehen. Natürlich sind
diese Listen auch für Betroffene bestimmt,
wobei das nur Vorschläge sind.
Es gibt noch weitaus mehr Skills und jeder
muss das bitte für sich herausfinden, was
das beste für ihn ist.
Probiert euch da ruhig aus, statt sich
wirklich selbst zu verletzen, spürt man
zumindest einen Schmerz, der euch spüren
lässt, dass ihr noch da seid und das ist das
Ziel!

Bei mir z.B. ist es Kreativität. Ich

schreibe und setze mich vors Mikrofon und
spreche einen Podcast ein.
Jeder geht da anders mit um!

Als Fazit bleibt mir nur nochmals zu
erläutern, dass sowohl Trigger als auch
Skills, so wie ich sie beschrieben habe,
funktionieren können, jedoch nicht zwingend
müssen.

Das wollte ich nur nochmal klarstellen.

Was ich in den Zeilen vorher nur so nebenbei
erwähnt habe, ist ein wichtiger Teil, sowohl
bei Triggern als auch bei der Skill-Liste –
die Anspannungskurve!

Die Anspannungskurve bei einem Borderline-
Patienten kann in der Regel in vier Phasen
unterteilt werden:

1. Baseline: Zu Beginn befindet sich der
   Patient in einem relativ stabilen
   Zustand mit einer normalen emotionalen
   Erregung. In dieser Phase gibt es keine
   signifikanten emotionalen Störungen
   oder Impulse.

2. Trigger: Wenn der Patient einem
   Auslöser ausgesetzt ist, steigt die
   emotionale Erregung schnell an. Die
   Symptome können sehr stark sein und
   können von Angst und Verzweiflung bis
   hin zu Wut und impulsivem Verhalten
   reichen.

3. Krisenphase: Die Symptome erreichen in

dieser Phase ihren Höhepunkt und der
Patient kann sich sehr unruhig und
verängstigt fühlen. Der Patient kann
impulsives Verhalten zeigen,
Selbstverletzung oder Suizidgedanken
haben oder in eine Krise geraten.

4. Abklingphase: Nach der Krise klingt die
emotionale Erregung langsam ab, und der
Patient kann sich vorübergehend
erleichtert fühlen. Der Patient kann
sich aber auch müde und erschöpft
fühlen und möglicherweise das Vertrauen
in seine Fähigkeit verlieren, seine
Emotionen zu kontrollieren.

Die Anspannungskurve bei einem Borderline-
Patienten beschreibt typischerweise den
Verlauf der emotionalen Erregung und damit
einhergehende Symptome im Laufe der Zeit.

Zu Beginn ist der Borderline-Patient
normalerweise relativ ruhig und entspannt,
ohne nennenswerte emotionale Störungen.
Dieser Zustand kann jedoch schnell durch
verschiedene Auslöser wie
zwischenmenschliche Konflikte, Kritik oder
auch positive Ereignisse wie Beziehungen
oder Erfolge verändert werden.

Sobald der Patient einem solchen Auslöser
ausgesetzt ist, steigt die emotionale
Erregung schnell an und erreicht oft ein
extremes Ausmaß. Der Patient kann sich

ängstlich, verzweifelt, wütend oder
depressiv fühlen und wird oft von starken
Impulsen getrieben, um diese Gefühle zu
lindern. Das kann dazu führen, dass der
Patient impulsiv handelt, sich selbst
verletzt, Drogen konsumiert oder sich in
gefährliche Situationen begibt.

Diese Phase der hohen emotionalen Anspannung
kann eine Weile anhalten und sich
schließlich langsam abschwächen. Der Patient
kann sich in dieser Phase oft hilflos und
überfordert fühlen und möglicherweise das
Vertrauen in seine Fähigkeit verlieren, mit
seinen Emotionen umzugehen oder sein
Verhalten zu kontrollieren.

Wenn die Anspannung schließlich abnimmt,
kann der Patient sich vorübergehend
erleichtert oder sogar euphorisch fühlen.
Diese Erleichterung kann jedoch nur
vorübergehend sein, da der Patient bald
wieder neuen Auslösern ausgesetzt sein kann,
die zu einem erneuten Anstieg der
emotionalen Erregung führen.

Die Anspannungskurve bei einem Borderline-
Patienten kann daher als ein ständiger
Zyklus von extremen emotionalen Zuständen
und schwankender Stabilität beschrieben
werden. Dieser Zyklus kann oft schwer zu
durchbrechen sein und erfordert oft eine
intensive therapeutische Unterstützung sowie
Selbsthilfemaßnahmen, um den Patienten dabei
zu unterstützen, effektiver mit seinen

Emotionen umzugehen und seine
Reaktionsmuster zu verändern.

16. Social Media

Ich persönlich sehe eine Reihe von Gefahren,
die Social Media für Menschen mit
Depressionen und Borderline-
Persönlichkeitsstörungen mit sich bringen
kann.

Zunächst einmal gibt es den Druck, der durch
Social Media entsteht, sich ständig zu
vergleichen. Diese Plattformen sind voll von
perfekten Bildern und Geschichten, die oft
unehrlich sind und unrealistische
Erwartungen schaffen. Für Menschen mit
Depressionen und Borderline-
Persönlichkeitsstörungen kann dies zu einer
verstärkten Wahrnehmung ihrer eigenen
Unzulänglichkeiten führen und ihre Symptome
verschlimmern.

Darüber hinaus können Social-Media-
Plattformen eine Plattform für Mobbing und
Diskriminierung bieten. Menschen, die
bereits anfällig für Depressionen und
Borderline-Symptome sind, können sich leicht
von negativem Feedback beeinflussen lassen,
das sie auf diesen Plattformen erhalten.
Dies kann zu einem erhöhten Risiko von
Selbstverletzungen und sogar Selbstmord

führen.

Social Media kann dazu führen, dass Menschen mit Depressionen und Borderline-Persönlichkeitsstörungen isolierter werden. Obwohl Social Media dazu beitragen kann, Kontakte zu knüpfen und Verbindungen aufzubauen, kann es auch dazu führen, dass Menschen zu viel Zeit damit verbringen, online zu sein, anstatt sich im realen Leben mit anderen Menschen zu treffen. Dies kann dazu führen, dass sie sich zurückziehen und das Gefühl haben, dass sie niemanden haben, mit dem sie sprechen können.

Ein weiteres Problem bei Social Media ist die Überstimulation. Durch den ständigen Strom von Informationen und Reizen, die auf diesen Plattformen verfügbar sind, kann es schwierig sein, den Überblick zu behalten und sich auf das Wesentliche zu konzentrieren. Für Menschen mit Depressionen und Borderline-Persönlichkeitsstörungen kann dies zu einer Überforderung führen, die ihre Symptome verschlimmern kann.

Schließlich kann Social Media auch dazu führen, dass Menschen mit Depressionen und Borderline-Persönlichkeitsstörungen dazu neigen, sich in einer "Filterblase" zu befinden, in der sie nur Meinungen und Ansichten sehen, die ihrer eigenen entsprechen. Dies kann dazu führen, dass sie sich noch isolierter und unverstanden fühlen, was ihre Symptome verstärken kann.

Insgesamt gibt es eine Reihe von Gefahren, die Social Media für Menschen mit Depressionen und Borderline-Persönlichkeitsstörungen mit sich bringt. Obwohl es viele Vorteile gibt, die mit diesen Plattformen verbunden sind, ist es wichtig, dass jeder, der Social Media nutzt, sich bewusst ist, wie es sich auf seine psychische Gesundheit auswirkt und Strategien entwickelt, um sich selbst zu schützen.

Bedenkt bitte, dass die Art und Weise, wie Angehörige von Depressiven und Borderlinern auf Social Media einwirken können, von Person zu Person unterschiedlich sein kann. Einige Menschen finden möglicherweise Trost in der Interaktion mit Angehörigen auf Social Media, während andere es vorziehen, ihre Emotionen privat zu verarbeiten.

Ein wichtiger Aspekt ist, dass Angehörige auf Social Media eine Möglichkeit haben, auf die Bedürfnisse und Gefühle ihrer Lieben einzugehen. Sie können Posts kommentieren, Nachrichten schicken oder einfach zeigen, dass sie da sind und Unterstützung anbieten. Dies kann besonders hilfreich sein, wenn die Person in einer schwierigen emotionalen Phase steckt und sich isoliert oder nicht in der Lage fühlt, mit anderen zu sprechen.

Ein weiterer Aspekt ist, dass Angehörige auf Social Media Informationen und Ressourcen teilen können, die für eine Person mit

Depressionen oder Borderline-Erkrankungen
nützlich sein können. Sie können Links zu
Artikeln, Videos oder Online-Gruppen teilen,
die sich mit ähnlichen Erfahrungen befassen.
Diese Ressourcen können helfen, das
Verständnis der Erkrankung zu fördern und
möglicherweise sogar dazu beitragen, dass
die Person geeignete Hilfe sucht.

Es ist jedoch wichtig zu beachten, dass
Angehörige auf Social Media möglicherweise
auch unabsichtlich negative Auswirkungen
haben können. Sie können zum Beispiel
unabsichtlich negative oder stigmatisierende
Botschaften senden oder die Person auf eine
Art und Weise behandeln, die ihr das Gefühl
gibt, dass sie "falsch" oder "nicht normal"
ist. In solchen Fällen können Angehörige die
Situation möglicherweise verschlimmern oder
dazu beitragen, dass sich die Person noch
isolierter und verletzlicher fühlt.

Aus diesem Grund ist es wichtig, dass
Angehörige auf Social Media sensibel und
achtsam mit ihren Interaktionen umgehen. Sie
sollten versuchen, sich in die Lage der
betroffenen Person zu versetzen und ihre
Bedürfnisse und Gefühle zu respektieren. Es
ist auch wichtig, dass sie offen für
Feedback sind und bereit sind, ihre
Interaktionen anzupassen, um
sicherzustellen, dass sie der betroffenen
Person helfen und nicht schaden.

Social Media kann für Menschen mit
psychischen Erkrankungen natürlich auch
positive Auswirkungen haben, wie zum
Beispiel:

1. Zugang zu Informationen: Social-Media-
   Plattformen bieten eine Fülle von
   Informationen über psychische
   Gesundheit, einschließlich Ressourcen,
   Selbsthilfetipps und
   Erfahrungsberichte. Dies kann für
   Menschen mit psychischen Erkrankungen
   hilfreich sein, um mehr über ihre
   Erkrankungen zu erfahren, sich mit
   anderen Betroffenen auszutauschen und
   zu lernen, wie sie besser mit ihren
   Symptomen umgehen können.

2. Austausch mit anderen Betroffenen:
   Social Media ermöglicht es Menschen mit
   psychischen Erkrankungen, sich mit
   anderen Betroffenen zu vernetzen und
   auszutauschen. Dies kann das Gefühl der
   Isolation reduzieren, das oft mit
   psychischen Erkrankungen einhergeht,
   und den Betroffenen das Gefühl geben,
   dass sie nicht allein sind. Der
   Austausch von Erfahrungen und Tipps
   kann auch dazu beitragen, dass sich
   Betroffene besser verstehen und mehr
   Selbstbewusstsein entwickeln.

3. Stärkung der Selbstwahrnehmung: Durch
   die Nutzung von Social Media können
   Menschen mit psychischen Erkrankungen

ihre eigenen Gedanken und Gefühle
besser verstehen und ausdrücken. Sie
können durch den Austausch mit anderen
Betroffenen und durch das Lesen von
Beiträgen anderer Menschen, die
ähnliche Erfahrungen gemacht haben,
lernen, sich selbst besser zu
reflektieren und sich ihrer eigenen
Bedürfnisse bewusst zu werden.

4. Erhöhung des Selbstwertgefühls:
Positive Rückmeldungen und
Unterstützung von anderen Nutzern auf
Social Media können das
Selbstwertgefühl von Menschen mit
psychischen Erkrankungen stärken. Durch
den Austausch von positiven Erfahrungen
und Erlebnissen können Betroffene
lernen, sich selbst und ihre
Erkrankungen besser anzunehmen und ihr
Selbstwertgefühl zu stärken.

5. Ermutigung zur Hilfe in Anspruch
nehmen: Social Media kann dazu
beitragen, dass Menschen mit
psychischen Erkrankungen sich ermutigt
fühlen, professionelle Hilfe in
Anspruch zu nehmen. Durch die
Verbreitung von Informationen über
verfügbare Ressourcen und die positive
Darstellung von Therapie und anderen
Behandlungsmöglichkeiten können
Betroffene dazu ermutigt werden, sich
Hilfe zu suchen und ihre psychische

Gesundheit zu verbessern.

Insgesamt kann Social Media für Menschen mit
psychischen Erkrankungen eine wichtige Rolle
bei der Unterstützung und Verbesserung ihrer
psychischen Gesundheit spielen. Ich betone
aber ganz klar, dass Social Media niemals
als Ersatz für professionelle Hilfe
angesehen werden sollte.
Wenn jemand das Gefühl hat, dass er
professionelle Unterstützung benötigt,
sollte er sich an einen qualifizierten
Gesundheitsdienstleister wenden.
Aber das sollte mittlerweile klar sein!

17. Self-Care

Ich kann euch nur eines dazu sagen:
Selbstfürsorge ist ein wichtiger Bestandteil
des täglichen Lebens, insbesondere für
Menschen, die von psychischen Erkrankungen
betroffen sind. Es bezieht sich auf die
Fähigkeit, für sich selbst zu sorgen, indem
man Maßnahmen ergreift, um das körperliche,
geistige und emotionale Wohlbefinden zu
fördern.

Konkret bedeutet dies, dass man achtsam mit
sich selbst umgeht und Maßnahmen ergreift,
um seine Bedürfnisse zu erfüllen und seine
Gesundheit zu erhalten. Dies kann
beispielsweise die regelmäßige Bewegung,
ausreichend Schlaf, eine ausgewogene
Ernährung, regelmäßige medizinische
Untersuchungen oder die Vermeidung von
riskanten Verhaltensweisen wie Rauchen oder
übermäßigem Alkoholkonsum umfassen.

Für Menschen mit psychischen Erkrankungen
ist Selbstfürsorge von besonderer Bedeutung.
Da sie mit zusätzlichen Belastungen wie
Angstzuständen, Depressionen oder anderen
psychischen Symptomen konfrontiert sind,
kann die Selbstfürsorge dazu beitragen,
diese Symptome zu lindern und die
Lebensqualität zu verbessern.

Indem man regelmäßig auf sich selbst achtet
und seine Bedürfnisse erfüllt, kann man

besser mit Stress umgehen und negative
Gedanken und Emotionen reduzieren.
Selbstfürsorge kann auch dazu beitragen, ein
positives Selbstbild aufzubauen und das
Selbstwertgefühl zu stärken.

Ein weiterer wichtiger Aspekt der
Selbstfürsorge ist die Achtsamkeit.
Achtsamkeit bedeutet, im gegenwärtigen
Moment zu sein und bewusst die Gedanken,
Emotionen und Empfindungen wahrzunehmen,
ohne sie zu bewerten oder zu beurteilen.
Durch regelmäßige Achtsamkeitsübungen wie
Meditation oder Yoga können Menschen lernen,
sich von belastenden Gedanken und Emotionen
zu distanzieren und ihre Reaktionen darauf
zu kontrollieren.

Zusätzlich zur Achtsamkeit kann auch die
Selbstreflexion ein wichtiger Bestandteil
der Selbstfürsorge sein. Indem man
regelmäßig darüber nachdenkt, was man
braucht, um gesund und glücklich zu sein,
kann man seine eigenen Bedürfnisse besser
verstehen und Maßnahmen ergreifen, um diese
zu erfüllen.

Beachtet bitte, dass Selbstfürsorge nicht
egoistisch oder selbstbezogen ist. Es geht
nicht darum, nur an sich selbst zu denken
und die Bedürfnisse anderer zu ignorieren.
Vielmehr geht es darum, ein Gleichgewicht
zwischen den eigenen Bedürfnissen und denen
anderer zu finden und Verantwortung für das
eigene Wohlbefinden zu übernehmen, um

anderen helfen zu können.

Indem man Selbstfürsorge in den Alltag
integriert, kann man lernen, besser mit den
Herausforderungen des Lebens umzugehen und
ein erfüllteres Leben zu führen. Es ist nie
zu spät, damit anzufangen, und jeder kann
von den positiven Auswirkungen profitieren,
unabhängig von Alter oder Hintergrund.

Körperliche Selfcare umfasst Aktivitäten wie
gesunde Ernährung, regelmäßige Bewegung und
ausreichend Schlaf. Diese Praktiken können
dazu beitragen, die körperliche Gesundheit
zu verbessern und das Selbstbewusstsein zu
stärken. Regelmäßige Bewegung und eine
ausgewogene Ernährung können auch dazu
beitragen, das Energieniveau zu steigern und
das Gefühl von Erschöpfung zu reduzieren,
das häufig mit Depressionen verbunden ist.

Emotionale Selfcare umfasst Aktivitäten wie
Selbstreflexion, das Schreiben in einem
Tagebuch oder das Ausdrücken von Gefühlen
durch Kunst oder Musik. Diese Praktiken
können dazu beitragen, emotionale Blockaden
zu lösen und ein tieferes Verständnis für
sich selbst zu entwickeln. Es ist wichtig,
Raum für Emotionen zu schaffen und zu
akzeptieren, dass es in Ordnung ist, traurig
oder ängstlich zu sein.

Geistige Selfcare umfasst Aktivitäten wie
Meditation, Achtsamkeitsübungen oder das
Lesen inspirierender Bücher. Diese Praktiken

können dazu beitragen, die geistige Gesundheit zu verbessern und das Gefühl der Überwältigung zu reduzieren. Meditation und Achtsamkeitsübungen können auch dazu beitragen, negative Gedankenmuster zu durchbrechen und eine positive Einstellung zu fördern.

Spirituelle Selfcare umfasst Aktivitäten wie Gebet, Yoga oder das Lesen religiöser Schriften. Diese Praktiken können dazu beitragen, das Gefühl von Sinn und Zweck im Leben zu fördern und eine Verbindung zu etwas Größerem zu schaffen. Es kann auch helfen, ein Gefühl der Ruhe und inneren Friedens zu finden.

Insgesamt betrachtet kann Selfcare dazu beitragen, die Symptome von Depressionen zu lindern und das Wohlbefinden zu verbessern. Es ist wichtig, dass jeder Depressive eine individuelle Self-Care-Routine entwickelt, die auf seinen Bedürfnissen und Interessen basiert. Eine solche Routine kann im Rahmen einer Therapie oder auch auf eigene Faust entwickelt werden.

18. Das letzte Kapitel

Das letzte Kapitel ist nun angebrochen.

Ob mir dieser Ratgeber Spaß gemacht hat?
Nun ja, all die möglichen Situationen,
Erlebnisse und die Symptome basieren ja
nicht auf Fiktion, so dass hinter allem ja
eine schlimme Erkrankung steckt.
Da von Spaß zu sprechen, ist vielleicht der
falsche Ansatz.
Aber es macht mir Freude, zu wissen, dass
ihr vielleicht euer Spektrum erweitern könnt
und dass wir einen Schritt weiter gekommen
sind, diese Art der Krankheiten endlich zu
etablieren.
Warum guckt der Chef noch immer verunsichert
und ungläubig, wenn wir den „Gelben"
einreichen?
Warum gibt es nach wie vor die Einstellung,
dass psychisch Erkrankte Simulanten sind?

Solange dies der Fall ist, werde ich nicht
aufgeben, um diesen Missstand zu ändern.

Als Autor, Podcaster und Content Creator und
selbst von psychischen Erkrankungen
betroffen, kämpfe ich täglich gegen die
Missachtung dieser Krankheiten. Oft werden
psychische Erkrankungen immer noch als
Tabuthema betrachtet und von der
Gesellschaft stigmatisiert.

Es gibt immer noch viele Missverständnisse
über psychische Erkrankungen und ihre
Auswirkungen auf das tägliche Leben. Viele
Menschen glauben fälschlicherweise, dass
Menschen mit psychischen Erkrankungen
einfach "faul" oder "schwach" sind und dass
sie ihre Probleme einfach überwinden können,
wenn sie es nur wollen.

Dies ist jedoch weit von der Wahrheit
entfernt. Psychische Erkrankungen können
genauso ernst und lebensverändernd sein wie
körperliche Erkrankungen. Sie können das
tägliche Leben beeinträchtigen, von der
Fähigkeit, Freundschaften zu schließen und
Beziehungen aufrechtzuerhalten bis hin zur
Fähigkeit, grundlegende Aufgaben auszuführen
und am Arbeitsplatz zu funktionieren.

Ich sehe mich in der Verantwortung, über
diese Themen zu schreiben und das
Bewusstsein für die psychische Gesundheit zu
erhöhen.
Ich versuche, meine Leser zu ermutigen,
offen über ihre eigenen Kämpfe zu sprechen
und anderen mit Empathie und Unterstützung
zu begegnen.

Dass die Medien eine wichtige Rolle bei der
Aufklärung über die psychische Gesundheit
spielen, ist wohl kein Geheimnis. Oft werden
Menschen mit psychischen Erkrankungen in
Filmen und Fernsehsendungen stereotyp
dargestellt oder sogar als bedrohlich und
gefährlich hingestellt. Wir müssen uns davon

entfernen, diese falschen Darstellungen zu
verstärken und uns stattdessen auf
realistische und empathische Darstellungen
zu konzentrieren.

Ich bin der Meinung, dass Bildung der
Schlüssel zur Bekämpfung der Missachtung von
psychischen Erkrankungen ist.
Je mehr wir über diese Krankheiten und ihre
Auswirkungen lernen, desto besser können wir
sie verstehen und ihnen entgegenwirken.
Indem wir unsere Stimmen erheben und für die
Bedürfnisse derjenigen eintreten, die von
psychischen Erkrankungen betroffen sind,
können wir einen positiven Wandel in unserer
Gesellschaft herbeiführen.

Ferner hoffe ich, dass meine Arbeit einen
Beitrag zur Sensibilisierung für die
psychische Gesundheit leisten kann. Ich
glaube, dass jeder Mensch das Recht hat, mit
Würde und Respekt behandelt zu werden,
unabhängig von seinen Herausforderungen und
Kämpfen.
Und ich werde weiterhin für die Sichtbarkeit
und die Rechte von Menschen mit psychischen
Erkrankungen kämpfen, bis wir eine Welt
haben, in der jeder in Frieden und
Gleichheit leben kann.

Als Autor dieses Ratgebers rufe ich dazu
auf, die Stigmatisierung von Depressionen
und Borderline zu bekämpfen. Es ist an der
Zeit, unsere Ansichten über die psychische
Gesundheit zu ändern und uns von der

Stigmatisierung zu lösen, die so viele
Menschen davon abhält, Hilfe zu suchen.

Depressionen und Borderline sind ernste
Erkrankungen, die das Leben der betroffenen
Menschen in vielerlei Hinsicht
beeinträchtigen können. Doch anstatt
Empathie und Unterstützung zu bieten, wird
oft ein Stigma auf diese Erkrankungen
gelegt. Die Menschen werden oft als
"verrückt" abgestempelt und ihnen wird
gesagt, dass sie sich einfach zusammenreißen
oder ihre Emotionen unterdrücken sollen.

Dieses Stigma macht es für viele Menschen
schwierig, offen über ihre psychischen
Probleme zu sprechen und Hilfe zu suchen.
Aber wir müssen uns der Realität stellen:
Depressionen und Borderline, sowie alle
anderen psychischen Erkrankungen sind
Krankheiten, die behandelt werden müssen.
Und die Behandlung ist oft erfolgreicher,
wenn die Betroffenen Unterstützung und
Empathie von ihren Mitmenschen erfahren.

Ich möchte meine Stimme erheben und dazu
beitragen, das Bewusstsein für diese
Erkrankungen zu schärfen. Ich möchte dazu
beitragen, dass wir uns von der
Stigmatisierung lösen und uns stattdessen
auf Empathie und Unterstützung
konzentrieren. Indem wir uns auf die Stärken
und Würde jedes Einzelnen konzentrieren und
ihn in seinen Kämpfen unterstützen, können
wir gemeinsam eine Welt schaffen, in der

psychische Gesundheit genauso wichtig ist
wie körperliche Gesundheit.

Ich bitte jeden von euch, sich aktiv gegen
die Stigmatisierung von Depressionen und
Borderline einzusetzen. Wir müssen uns dafür
einsetzen, dass jeder Mensch mit psychischen
Problemen respektvoll und mitfühlend
behandelt wird. Wir müssen sicherstellen,
dass diejenigen, die Hilfe brauchen, diese
ohne Angst vor Stigmatisierung und
Diskriminierung erhalten können.

Lasst uns zusammenarbeiten, um eine Welt zu
schaffen, in der die psychische Gesundheit
respektiert und gepflegt wird. Lasst uns das
Stigma gegen Depressionen und Borderline
durchbrechen und stattdessen eine Kultur der
Unterstützung und Empathie schaffen. Indem
wir unsere Kräfte vereinen, können wir eine
Welt schaffen, die für jeden von uns ein
sicherer und unterstützender Ort ist.

Ich danke jedem einzelnen, der sich
heutzutage noch die Mühe macht, ein Buch zu
lesen und im besten Fall auch gerne zu
lesen.

Ich wünsche allen, ob Angehörige, Betroffene
oder wen auch immer, dass er stabil bleibt
oder wird, dass ein Leben mit psychischer
Erkrankung möglich sei und dass die
Sterberate weiter sinkt!

Ist das erreicht, sind wir ein großes Stück
weiter gekommen!

Was ich in diesem Ratgeber eventuell vergessen habe zu erwähnen, oder wenn ihr der Meinung seid, ich hätte etwas vergessen, dann wird es garantiert in meinem Podcast behandelt, zu dem ich euch hiermit herzlich einlade.

Überall dort, wo es Podcast gibt, ist „Border allein" zu hören.

Wir hören uns, macht es gut!

Über den AUTOR & „Border allein"

Sven ist im April 1975 in Wuppertal zur Welt gekommen. Schon während seiner Jugend kristallisierten sich die Depressionen heraus. Die BPS-Störung war immer vorhanden, brauchte aber viele harte Jahre, bis es zur endgültigen Diagnose kam.
Als Podcaster des Podcasts „Border allein" hat er viele Gespräche mit Betroffenen und deren Angehörigen geführt, sei es im Podcast oder im Zuge des Projektes „Border allein".

Was genau ist „Border allein" überhaupt?

Nun ja, in erster Linie eine Form der Selbsttherapie und ein Weg, seine Krankheit zu verarbeiten und zu akzeptieren.
Daraus wurde recht schnell eine Marke und ein immer stetig wachsendes Projekt, das mittlerweile, deutschlandweit, eine recht große Community sein Eigen nennen darf.
Dieses Privileg macht ihn extrem stolz und schafft immer wieder neuen Antrieb, Tag für Tag.
„Border allein" ist real! Er macht aus keinerlei Emotionen und Zustände einen Hehl, er trägt es nach außen um der Welt zu zeigen:
„Ihr seid nicht allein!"

Wo soll diese Reise hinführen?
Das ist eine gute Frage und die bedarf eigentlich nur einer Antwort: „Bis der

letzte begriffen hat, dass es Depressionen
und generell psychische Erkrankungen gibt
und sie auch als solche angesehen werden,
was sie schlussendlich sind."
Eine Krankheit.
Nicht mehr, aber auch nicht weniger.

„Depressionen sind nur Einbildung und
existieren gar nicht."

„Stellt euch mal nicht so an."

„Anderen geht es viel schlechter als euch."

So oder so ähnlich steht es vermehrt unter
irgendwelchen Beiträgen auf Social Media
oder es wird im Büro, hinter vorgehaltener
Hand, genauso darüber getuschelt.
Das ist falsch und gefährlich. Punkt!

Solange es so ist, wie es ist, geht die
Reise von **„Border allein"** definitiv weiter.

-ENDE-